云南特色文化产业助推扶贫攻坚及促进乡村文化振兴对策研究

赵晓红　曾耀萱◎著

云南大学出版社
YUNNAN UNIVERSITY PRESS
·昆　明·

图书在版编目（CIP）数据

云南特色文化产业助推扶贫攻坚及促进乡村文化振兴对策研究 / 赵晓红，曾耀萱著. -- 昆明 : 云南大学出版社，2021

ISBN 978-7-5482-4384-7

Ⅰ. ①云… Ⅱ. ①赵… ②曾… Ⅲ. ①文化产业－产业发展－研究－云南②扶贫－研究－云南 Ⅳ. ①G127.74②F127.74

中国版本图书馆CIP数据核字(2021)第165979号

策划编辑：张丽华
责任编辑：张丽华
封面设计：任 徽

云南特色文化产业助推扶贫攻坚及促进乡村文化振兴对策研究

YUNNAN TESE WENHUA CHANYE ZHUTUI FUPIN GONGJIAN JI CUJIN XIANGCUN WENHUA ZHENXING DUICE YANJIU

赵晓红　曾耀萱◎著

出版发行：云南大学出版社
印　　装：昆明理煌印务有限公司
开　　本：787mm × 1092mm　1/16
印　　张：6
字　　数：80千
版　　次：2021年9月第1版
印　　次：2021年9月第1次印刷
书　　号：ISBN 978-7-5482-4384-7
定　　价：40.00元

地　　址：昆明市一二一大街182号（云南大学东陆校区英华园内）
邮　　编：650091
发行电话：0871-65033244　65031071
网　　址：http://www.ynup.com
E-mail：market@ynup.com

序

“特色文化产业”这一提法2014年正式出现于文化部（现为文化和旅游部）、财政部联合印发的《关于推动特色文化产业发展的指导意见》中。我国西部民族地区和广大中东部农村地区发挥文化资源优势，努力探索迥异于发达城市文化产业发展的特色之路。云南一直以来依托优越的自然条件、丰富的民族文化资源和深厚的历史文化积淀，探索出一条独具云南特色的文化发展之路。2014年，云南制定印发了《云南省民族民间工艺品产业发展规划（2014—2020年）》，创造性地确立了“金、木、土、石、布”五位一体的云南民族民间工艺品产业发展体系，加上已有一定发展基础的影视、会展、演艺和乡村旅游产业，云南在全国率先制定实施了特色文化产业发展战略，并在助推扶贫攻坚上取得了一定的经验和成绩。

在学术研究领域，研究者关注文化与扶贫开发的互动关系，在理论建构和实施方法上都做了有益的探索。“文化育民、文化乐民、文化富民”是文化脱贫的逻辑演进过程，以往的研究更多关注“文化育民”和“文化乐民”，但文化富民，特别是把脱贫发展与特色文化产业相结合，唤醒贫困群众的文化自信、树立文化自觉，最终使其变为文化自强方面的研究还较少。2020 年是全面建成小康社会目标实现之年，是全面打赢脱贫攻坚战的收官之年。打赢脱贫攻坚战后，我国扶贫任务的重心将是实现巩固拓展脱贫攻坚成果与乡村振兴的有效衔接。在这个意义上，如何使广大群众通过特色文化产业发展振兴乡村，切实成为社会发展中的参与者、创造者、推动者和受益者，显得尤为重要。本书欲在此领域做一些探索。

本书的案例得益于中共云南省委宣传部的大力支持，研究生俞又琪、晋艺珈、张楠、杨柳也为本书研究提供了资料数据，在此深表感激！

是为序！

赵晓红

2021 年 3 月 7 日

目　录

一、脱贫前云南贫困区域及特色文化产业区域特点

2013 年，习近平总书记在湖南调研时提出了“精准扶贫”以及与之相关的“五个一批”和“六个精准”等扶贫理念，其核心要义是集中各方资源，聚焦贫困地区和贫困对象，提高扶贫工作的效益和质量，实现 2020 年全面建成小康社会的第一个百年奋斗目标。云南民族地区是脱贫攻坚的重点、难点和短板地区。同时，云南自然生态保存完好，民族风情浓郁，文化积淀深厚，又是民族文化资源富集地区。以特色文化产业针对经济欠发达地区的文化资源进行产品转化、产业发展，助力贫困人口脱贫致富，兼具遗产保护、文化传承、生态涵养等多重意义，在各类脱贫方式中更具内生性、造血性和可持续性。把脱贫与特色文化产业发展相结合不仅可以把与当地民众生活、生产习惯和社会风俗息息相关的文化资源变为文化资本，从“输血”到“造血”，在现阶段的乡村振兴中增强后续动力，实现巩固脱贫成果与自我发展，而且对传承地域民俗文化、推动农村精神文明建设、促进区域文化产业差异化发展、活跃乡村经济、实现产业结构的调整等具有重要意义。基于此背景，我们展开了相关研究。需要说明的是，本书著于 2019 年，在 2021 年出书时，我国扶贫攻坚战役已全面完成，进入乡村振兴发展时期，基于此，本书数据和部分结论在时间衔接上会有一定缝隙。

（一）脱贫前云南贫困地区经济社会发展情况分析

云南地处祖国西南边陲，曾经是集边疆、山区、民族、贫困为一体的省份。全省辖16个州市，129个县（市、区），总面积为39.4万平方千米，其中山区面积占94%；与越南、老挝、缅甸三个国家接壤，边境线长4060千米；有8个民族自治州、29个民族自治县、197个民族乡，有25个人口在5000以上的世居少数民族。根据第七次全国人口普查资料，云南有少数民族人口1563.6万，占全省总人口的33.12%。

1. 农村经济社会情况

作为全国农村改革的组成部分，云南农村与其他地区既有共性，也有特殊性，如有沿边地区、高寒山区、直过民族聚居区等。

2. 云南农村贫困人口的主要特点

（1）农村人口比重大，贫困地区城镇化水平低

根据第七次全国人口普查资料，云南省总人口为4720.9万，其中，城镇人口为2362.8万，占总人口的50.05%；乡村人口为2358.1万，占总人口的49.95%。与2010年第六次全国人口普查的数据相比，城镇人口比重提高了14.85个百分点。第七次人口普查结果显示，与全国相比，云南省人口城镇化的整体发展水平依然相对滞后，常住人口城镇化率低于全国平均水平13.84个百分点。

根据第七次全国人口普查结果及云南省统计局2021年的相关资料，从全省16个州（市）的人口分布情况看，总人口超过500万人的有昆

明市、曲靖市、昭通市3个市；人口在300万至500万之间的有红河哈尼族彝族自治州、文山壮族苗族自治州、大理白族自治州3个州；人口在100万至300万之间的有保山市、楚雄彝族自治州、普洱市、临沧市、玉溪市、德宏傣族景颇族自治州、西双版纳傣族自治州、丽江市8个州（市）；人口少于100万的有怒江傈僳族自治州、迪庆藏族自治州2个州。其中，人口居前三位的昆明市、曲靖市、昭通市人口合计占全省总人口的40.92%。

从城镇化发展的实际情况看，贫困县的行政区划的变动是整个城镇化水平提高的重要原因，但值得注意的是，部分地区的城镇化水平逐年提高，而城镇化水平的质量却很难保证，主要表现在非农人口比重太低，非农产业结构极不合理等。

（2）贫困地区人口自然增长速度快，少数民族人口比重大

根据“十一五”云南农村经济发展成就，2010年全省农业人口出生率为12.8‰，人口自然增长率为6.08‰[①]。这一增长速度远远高于全国平均水平。经济的低水平、低增速，人口的高出生率、高增长率给贫困地区人口脱贫致富带来更大难度，也成为贫困地区人口状况的一个显著特征。

国家扶持的重点县大多地处边陲，属山区或半山区，也是少数民族人口比较集中的地区。云南有29个民族自治县，脱贫前有20个属国家重点扶持县。据第七次全国人口普查资料，云南少数民族人口为

① 数据来源：云南省统计局。为与第六次全国人口普查数据年份相一致，部分数据来自云南省“十一五”国民经济发展情况。

1563.6万，占云南总人口的33.12%。其中，少数民族人口较多且脱贫前为贫困中度区及重度区的滇西北地区（大理、保山、德宏、丽江、怒江、迪庆）6州（市）的经济总量只占全省的15.8%①。云南贫困面大，民族比重高成为云南基本省情之一，同时也是农民脱贫致富奔小康的难点所在②。

（3）农村人口从事的产业单一，非农产业发展十分缓慢

根据云南省统计局、国家统计局云南调查总队发布的《云南省2020年国民经济和社会发展统计公报》，全年全省农民工总量为934.7万人，其中，本地农民工337.8万人，比上年增加14.2万人，增长4.4%；外出农民工596.9万人，比上年增加45.2万人，增长8.2%。农村常住居民人均可支配收入为12842元，增长7.9%；农村常住居民人均生活消费支出为11069元，增长7.9%。留在乡村的农民主要从事农业，非农产业发展缓慢。

（4）农村劳动力比重大，贫困地区人口迁移率低

根据第七次全国人口普查资料，云南乡村总人口为2358.1万，占全省总人口的49.95%。同2010年第六次全国人口普查相比，乡村人口减少了620.5万人，城镇人口比重提高了14.85个百分点。全省人口中，人户分离人口为1220.9万人，其中，市辖区内人户分离人口为161.0万人，流动人口为1059.9万人。流动人口中，跨省流入人口为

① 数据来源：2017中国统计年鉴，国家统计局，2017.
② 数据来源：2017中国统计年鉴，国家统计局，2017.

223.0万人，省内流动人口为836.9万人。另外，受经济社会发展和自然条件的影响，迁移到贫困地区的外来人口的规模不大，并且在总体上呈现出近距离流动的特点，这对农村长远发展也将产生不利影响①。

（5）丧失工作能力和工作难找导致的贫困人口占有相当大的比重

根据云南省统计局、国家统计局云南调查总队发布的《云南省2020年国民经济和社会发展统计公报》，按照国家统计局每人每年生活水平2300元（2010年不变价）的现行农村贫困标准测算，2020年全省66万农村贫困人口全部实现脱贫。党的十八大以来，全省804万农村贫困人口全部脱贫，88个贫困县全部摘帽，0.8万个贫困村全部出列，绝对贫困历史性消除。全年贫困地区农村居民人均可支配收入11740元，比上年增长9.0%，2012—2020年年均增长12.0%。其中，丧失工作能力的享受农村最低生活保障的农民为378.1万人，比上年增加39.5万人，其中女性147.32万人，比2007年增加了60.53万人。这说明云南农村贫困人口中，有一部分人是因为丧失工作能力和工作难找导致的贫困，而且女性比男性在就业上显得更加艰难②。

（6）贫困人口科技文化素质较低，自我发展能力不强

根据第七次全国人口普查资料，云南省3岁及以上人口中，拥有大学（指大专及以上）文化程度的人口为547.7万；拥有高中（含中专）文化程度的人口为488.0万；拥有初中文化程度的人口为1380.4万；

① 数据来源：2017中国统计年鉴，国家统计局，2017.

② 数据来源：2017中国统计年鉴，国家统计局，2017.

拥有小学文化程度的人口为1683.8万（以上各种受教育程度的人包括各类学校的毕业生、肄业生和在校生）。2020年，云南15岁及以上人口平均受教育年限为8.82年。总体来看，与2010年相比，2020年云南省每10万人拥有的大学、高中、初中文化程度人数均大幅度增长，小学文化程度人数下降，受教育重心向较高文化层次转移。但是，大多数受教育层次高的人都离开乡村到城市工作，留守在乡村的群众接受新科技、新思想的能力差，致使经济社会发育程度低，思维方式、生产方式和生活方式落后，发展商品生产、开拓市场的能力相当弱。这种素质型贫困，需要从教育和科技入手，经过长期的努力，才能从根本上得到解决①。

3. 贫困的主要原因②

（1）历史原因

从总体上说，脱贫前的云南省贫困地区的经济、社会、文化落后很大程度上是历史形成的，特别是一些边疆地区特有的少数民族，有的是从原始社会末期或奴隶社会直接进入社会主义社会的。新中国成立后，他们在短短的几十年中就越过了人类社会发展的若干个阶段。党的十一届三中全会以来，改革开放使少数民族地区经济社会发生了很大变化，人民的生活水平有了明显的提高，但生产力的发展因受其自身规律的支配，并不能随着生产关系的改变而实现同步跨越，从原始社会脱胎出来的思维方式、生产方式、生活方式和一穷二白的经济基础，不可能在短

① 数据来源：2017中国统计年鉴，国家统计局，2017.
② 数据来源：2017中国统计年鉴，国家统计局，2017.

期内就能得到根本的改变，再加之受独特的地理位置、恶劣的自然环境、民族旧有的习惯势力的影响，使一些少数民族长期处于较为贫穷和落后的状态。

（2）自然原因

贫困地区主要分布在深山区、石山区、高寒山区。这些区域自然条件差，缺水少土，山高坡陡，人多地少，坡地利用率极低，单位面积产出极少。贫困地区的资源贫瘠，自然灾害频繁，生存环境恶劣，生产和生活条件差。

（3）体制原因

一方面，新中国成立初期乃至相当长的时期内，为了实现较大程度地从农民手中获得低价的农产品，维持限定的城市人口低工资和低消费，以得到更多的积累资金来支撑国家工业化和城市化的发展，国家颁布了一系列的政策、法令，通过严格的户口制度、粮油供应制度、劳动用工制度和社会保障制度等，把城市人口与农村人口分割开来，形成了城乡分隔的二元经济结构。另一方面，贫困地区受计划经济体制的束缚较深，经济体制改革和转轨滞后，市场主体形成发育缓慢，市场体系不健全，习惯于计划经济的思维方式、领导方式和生产方式，缺乏以市场为导向，以效益为目标的经营观念，开拓市场和开发资源的能力不足，制约了当地经济的发展。

（4）自身原因

人口增长过快，文化教育落后是造成贫困的内在原因。由于旧的社会意识形态、文化传统等沉淀了下来，且体现在劳动者身上的旧传统观念及文化素质有待进一步提高，对贫困地区生产力的发展起到了阻碍作用。

（5）其他原因

云南农村贫困人口中，还有一些是其他原因导致的贫困：一是残疾贫困人口；二是丧失工作能力的贫困人口；三是老年贫困人口。他们中有相当一部分人的生活来源无保障（社会保障还覆盖不到，农村集体经济无实力，有的也因子女贫困而无力赡养），处于贫困状态。

（二）脱贫前云南贫困区域分析

贫困发生率是从贫困人口在总人口中所占比例的角度，反映贫困现象的社会存在的范围或发生率。贫困发生率计算公式为：$H = q/N$（H 表示贫困发生率，N 表示人口总数，q 表示贫困人口数）。该指标越大，说明社会中处于贫困线以下的人越多，贫困程度越深。

以云南省贫困发生率 10.4% 为基准，脱贫前云南贫困人口区域可划分成四个类型区，即低于全省平均贫困发生率 10.4% 的划为贫困轻度区；高于 10.4% 低于 20% 的划分为贫困中度区；高于 20% 低于 30% 的划分为贫困重度区；高于 30% 的划分为贫困重灾区。

滇中地区经济较发达，相对而言，人民生活水平较高。滇中地区的居民消费指数在逐年升高，生活支出不断上涨，然而不少农村居民的最低生活保障却难以维持整个家庭的消费支出，在遇到重大疾病、子女上学、突发事件等情况时，家庭的硬性开支增加，这就产生了经济发展较快地区的“支出型贫困”现象。由于城市扩张，出现了不少失地农民、城中村等现象，这些现象造成的结果是大量的农村剩余劳动力滞留在农村及城乡接合部，从而陷入贫困之中。

云南贫困中度区西线包括丽江、大理、保山、德宏，南线主要是西双版纳地区，东南线包括红河、文山。西线、南线地区虽然旅游业的开发较早，但是经济发展的初期和中期阶段都要依靠第二产业作为支柱，同时西线、南线地区其他非景区的区域则由于其自身的条件限制，发展滞后。东南线红河、文山一带虽然烟草业、生物加工业均有一定的发展，但由于开发时间较晚，企业发展能力不足，产业升级较慢，吸纳的农村劳动力不足，并且农村劳动力的科技水平较低，无法靠自身发展乡镇小企业进行产品深加工。

贫困重度区和重灾区为滇西南的临沧和普洱地区，滇西北的迪庆和怒江地区，滇东北的昭通地区。临沧、普洱这两个地区主要是民族杂居地区，少数民族人口将近占总人口的1/2。临沧有97.5%的面积是山地地形，普洱地区同样有98.3%的面积属于山地。临沧、普洱大部分县区属于原国家级贫困县，少数民族地区贫困程度很深，有的地方长期保持刀耕火种的耕作方式，更谈不上产业结构调整和升级。迪庆、怒江、昭通虽然有丰富的资源，但开发条件差，灾害严重，极大地制约着整体经济的发展。

（三）云南特色文化产业区域分析

1. 滇中地区

滇中的昆明、玉溪、楚雄是云南省政治、经济和文化中心，是我国面向南亚、东南亚对外经济贸易和科技、文化交流的前沿；是中国联结南亚、东南亚的交通枢纽，处于云南省文化产业区域布局的核心地位，基础设施完善，特色文化产业发达，气候适宜；是云南特色文化产业的集散中心和“龙头”区域。

特色文化产业发展：昆明市的文化旅游产业整体实力和发展水平均居全省之首，是全省特色文化产业发展的龙头。玉溪是聂耳的故乡，云南花灯的起源地，还是古滇青铜文化的发源地之一，澄江帽天山动物化石群更是举世罕见的、研究地球早期生命演化的宝库；全市少数民族众多，特色鲜明，独具特色的“花腰傣”在国际上也具有一定的知名度。经过多年努力，以古滇青铜文化、花腰傣文化为基础的旅游业、民族歌舞业、民族服饰及手工艺制作业已粗具规模和影响力，以红塔集团为代表的烟草文化效益更是显著。楚雄民族文化地域特色突出，特别是彝族文化在国内外已有一定知名度和影响力，包含了综合性民俗文化、节庆文化、服饰文化、歌舞戏剧文学艺术、天文历法以及婚姻家庭文化、民居文化、名胜古迹、宗教、彝族传统医学、传统工艺、传统饮食等诸多类别，加之黑井的古盐文化等，在特色文化产业发展方面有着较好的基础。

2. 滇东南地区

滇东南的红河、文山州是云南省出海的陆上最短通道，是构建滇越经济合作和珠江经济带的重要区域，是云南省重要的支撑性特色文化产业开发区之一。

特色文化产业发展：该区域自然资源包括阿庐古洞、燕子洞、九龙瀑布、普者黑、坝美等以喀斯特地貌为主的自然山水风光，以及红河元阳梯田等自然人文复合型景观，具有突出的地貌景观、农业田园风光与少数民族文化相融合的特色。其中，红河州内有国家历史文化名城建水，有著名的锡都个旧，有滇南重镇蒙自，有重要口岸河口，有闻名遐迩的锡文化、陶瓷文化和梯田文化，有绚丽多姿的民族风情，拥有一大批具有浓厚文化积淀的历史人文景观及建筑物，其景点数量之多、景观内容之全，为云南之首。自 2000 年红河州提出建设“民族文化大州”的发展目标以来，已取得了阶段性的成果，具有强劲发展势头。文山州自然、人文旅游资源丰富，以铜鼓文化和壮族文化为代表的民族文化独树一帜，以壮族银饰、刺绣以及土布、竹编等为代表的民族工艺品备受游客青睐，广南以“世外桃源”坝美为代表的文化旅游资源商机无限。

3. 滇西地区

滇西德宏、保山两州市是中国与东南亚、南亚的结合部，是实现孟中印缅次区域文化旅游交流与合作的前沿阵地，对外对内发展特色文化产业有着良好的区位优势和资源优势，是云南省近年正在崛起和发展的地区。

特色文化产业发展：从历史人文资源来看，保山是我国古南方丝绸之路的必经要道，古哀牢国的中心区域，明清以来的军事战略要地，特别是作为二战时期“滇西抗战”所在地，滇缅公路、中印公路、国殇墓园、龙陵松山等抗战遗址保存完好，境内生活着13个世居少数民族，民族文化和民族工艺丰富多彩、独具特色。腾冲是著名的侨乡、文化之邦。从自然资源来看，高黎贡山是著名的“世界生物保护圈”之一，腾冲是著名的宝石集散地，是全国火山地热最为密集之地，同时也是通往缅甸、印度等东南亚、南亚国家的重要口岸之地。德宏拥有独特的傣族文化、神秘的宗教文化、旖旎的热带森林美景和美丽的田园风光，集国家级一类口岸、国家级风景名胜区、中国优秀旅游城市等多项殊荣于一身，是我国通往东南亚、南亚的门户，具有历史悠久、文化独特、经济发达、投资环境良好等优势。

4. 滇西南地区

滇西南的西双版纳、普洱、临沧3州市，为目前又一特色文化产业“热点”区域。

特色文化产业发展：流经三地的澜沧江—湄公河素有“东方多瑙河”的美称。西双版纳拥有得天独厚的原始热带雨林风光和充满诗情画意的民族风情资源，素有“动物王国”“植物王国”和“物种基因库”的美誉；以贝叶文化、民族宗教文化和以傣族文化为代表的具有鲜明民族特色和地方特点的民族传统文化源远流长；同时这里曾经是许多知青的第二故乡，对于推进民俗文化旅游业，发展知青文化，以及打造影视拍摄资源基地等，均独具优势。普洱是云南历史上的茶叶集散地，各民族的民风民俗、文化艺术和以茶会友、以茶待客、以茶入舞、以茶入歌、以茶促贸、以茶兴农等结合在一起，构建了悠久灿烂的普洱茶文化，以普洱茶文化为主的民族文化生态旅游资源，极具开发前景。临沧以佤文化为代表的民族文化粗具影响力，以佤族歌舞艺术资源为基础组建的多个民族艺术歌舞团，商业演出已遍及全国各地及东南亚；著名的司岗里民间艺术团已完全具备市场运作能力，文化艺术劳务输出成绩斐然。

5. 滇西北地区

滇西北的大理、丽江、迪庆、怒江 4 州市是“中国香格里拉生态旅游区”的主要组成部分，是连接滇川藏的重要民族文化汇聚地，是云南在海内外具有较大影响的地区。

特色文化产业发展：大理州文化资源丰富，鹤庆新华村被文化部（现为文化和旅游部）命名为“中国民间艺术之乡”，民族手工艺品加工历史悠久，工艺水平精美绝伦。剑川被誉为“木雕之乡”，木雕工艺渊源深厚，巧夺天工，木雕产业粗具规模，另外剑川石窟闻名遐迩，是南诏、大理国时期的艺术宝库；沙溪寺登街被列为世界纪念性建筑遗产，石宝山属国家级风景名胜区；巍山是南诏国的发祥地，历史文化底蕴厚重，巍宝山是我国最大的道教基地之一，道教文化深厚。丽江拥有世界自然遗产“三江并流”、世界文化遗产丽江古城，以及东巴文化、洞经古乐等丰富的自然景观和人文景观，以象形文字为素材的木刻、骨雕、书画等手工艺品已进入旅游商品市场，大型民族风情舞蹈演出《印象丽江》和《丽水金沙》、纳西东巴文化博物馆、木府博物院、泸沽湖摩梭人家等已成为具有一定知名度的文化品牌。迪庆州位于著名的三江并流风景名胜区的腹心地带，有着壮奇瑰丽的自然景观、丰富而独特的民族多样性和文化多样性。在这里藏传佛教和道教、天主教、基督教等多种宗教并存相容，又以藏传佛教最有特色。迪庆州提出建设人与自然相互和谐的香格里拉文化，建设“香格里拉文化州”以及“连接滇、川、藏的文化通道”的发展目标，既切实可行，又大有作为。怒江州拥有丰富而神秘独特的自然和人文资源，怒江大峡谷近年来已逐渐成为旅游的热点。

6. 滇东北地区

滇东北的曲靖、昭通两市，自古便是云南通往中原的门户和重要通道，铁路、公路及水道纵贯连接川黔，是云南连接川黔渝的重要文化旅游区。

特色文化产业发展：昭通历史悠久，人文荟萃，秦开“五尺道”，汉筑“南夷道”，是“锁钥南滇，咽喉西蜀”的交通要道，也是中原文化、巴蜀文化、楚文化传入云南最初的文化驿站和枢纽，以朱提文化为代表的古代昭通文化与滇文化、洱海文化三足鼎立，是云南历史文化的发祥地之一，为陆上“南方丝绸之路”的要冲和云贵川三省经济文化交汇重地。这一悠久、深厚的历史文化渊源使昭通人才辈出，昭通作家群就是被这沃土滋养的文学族群。水富市是“云南北大门”，既是云南第一大港，也是“万里长江第一港”，拥有全国规模最大的室外露天温泉——西部大峡谷温泉。盐津有国家级文物保护单位唐代袁滋题记摩崖石刻、千古之谜的僰人悬棺、五尺道上的豆沙古镇，传承至今的汉族锄禾民歌打鼓草、古朴典雅的僰人舞蹈、新颖粗犷的宗教文化傩戏、苗族传统的口弦构成了极具特色的文化资源。曲靖为珠江源头，境内山川秀丽，民族人文景观荟萃，拥有多个云南第一的近现代产业文化，具有工业体系相对齐全、交通便捷、文化需求量大和旅游业发展潜力巨大的特点，对于打造影视、休闲娱乐、体育健身等三大基地具有得天独厚的优势。罗平具有集雄、险、奇、幽、秀为一体的自然、人文风光；陆良是爨文化的发祥地，不仅拥有全国重点文物“南碑瑰宝”爨龙颜碑，更拥有世界独有的地理奇观、国家 4A 级景区彩色沙林，并因连续成功举办国际彩色沙雕节而蜚声海内外；会泽是省级历史文化名城，具有独具特色的会馆文化、铜商文化、古钱文化和店铺文化。

二、云南特色文化产业助推脱贫攻坚的条件分析

（一）云南特色文化产业概述

近年来，云南依托优越的自然条件、丰富的民族文化资源和深厚的历史文化积淀，探索了一条独具云南特色的文化发展之路。2014 年，云南制定印发了《云南省民族民间工艺品产业发展规划（2014—2020 年)》，创造性地确立了“金、木、土、石、布”五位一体的云南民族

民间工艺品产业发展体系，在全国率先制定实施特色文化产业发展战略。找准定位、盘活资源、遴选产业、推出大师、锻造品牌、加强融合、多渠道展示、完善营销体系，云南特色文化产业在生态中创意、低碳发展，助推了云南区域经济发展并惠及民生，成为云南经济新常态下的新动力。

金、木、土、石、布“五韵盛景”是云南五大类具有民族特色及地域特色的特色文化产业链条，既传承文脉又辐射国内外。其中“金”指金银铜锡工艺品产业，依托丰富的有色金属矿产资源，重点发展的是以斑铜、斑锡、乌铜走银、珐琅银器及银饰制作、民族刀具生产等为主的金银铜锡工艺品产业；“木”指木竹藤草工艺品产业，利用得天独厚的植物资源和地理区位优势，重点发展的是木雕工艺品和竹编、藤编、草编工艺品，包括剑川木雕、红木木艺等；“土”指瓷泥塑工艺品产业，深入挖掘和整合陶瓷传统工艺，提升文化附加值，重点发展的是以建水紫陶、华宁釉陶、易门陶、香格里拉尼西黑陶、傣族慢轮陶、滇中彩陶等为主的云南特色陶瓷产业；“石”指珠宝玉石和石雕石刻石材产业，以翡翠、黄龙玉、祖母绿、南红玛瑙、碧玺等珠宝玉石和景观石、观赏石、奇石、石砚为主，重点发展的是珠宝玉石和石雕石刻石材工艺品，包括苴却特色石砚、麻栗坡祖母绿、马关石榴石、保山南红玛瑙、怒江碧玺、腾冲火山石工艺品、会泽迤砚、昭通紫砂石壶等；“布”指染织刺绣布艺品产业，立足云南省民族染织刺绣悠久的历史，重点发展的是彝族、苗族、白族、哈尼族、壮族、布依族、傣族、景颇族、纳西族、壮族、基诺族等多民族的刺绣以及扎染、蜡染、织锦等布类工艺品产业。

（二）云南特色文化产业发展条件

1. 拥有特色文化产业发展的基础资源优势

云南是我国少有的民族文化富集区，累积了丰厚的历史文化、绚丽多姿的民族文化，保存着完好的自然环境，孕育着独具特色的边境文化。

（1）历史文化资源

云南是人类的发祥地之一，春秋至三国时期的古滇文化、魏晋到唐中叶的爨文化、唐中叶至元初的南诏大理文化和元明清以来以汉文化为主体的各民族文化，构成了云南2000多年文明史的纵向脉络，使云南的历史文化资源雄浑而厚重，其中有许多是可以直接支撑文化产业的发展的：如春秋战国至两汉时期出现的古滇青铜文明，在中国乃至世界青铜文化史上占有十分重要的位置，无论冶金技术、造型艺术，还是文化习俗等方面都表现出博大精深的文化内涵；又如禄丰古老的恐龙文化及腊玛古猿文化，在全国甚至在全世界都具有唯一性和排他性；再如以大理崇圣寺三塔、剑川石宝山石窟、昆明古幢、东西寺塔等为表征的南诏大理文化等等。

（2）民族文化资源

云南是中国世居少数民族最多的省份，有25个人口在5000以上的世居少数民族，其中15个民族为云南所特有。云南是一个世界上少有的多民族群体、多文化形态共生带。各民族在漫长的历史发展过程中，形成了各具特色的民族文化，为云南文化产业的发展提供了一片肥沃的土壤，如彝族古老的十月太阳历和毕摩文化、纳西族东巴文化、傣族贝叶文化、哈尼族梯田文化、白族本主文化、藏族宗教文化等，形成了云南富有特色的文化类型。

（3）自然环境

从自然环境的角度来看，云南气候、地形、地貌以及生物的多样性造就了迷人的自然风光，为特色文化产业的发展提供了极佳的条件。云南是各种气候类型的大熔炉，是地形地貌多样性的博览馆，从雪域高原、冰川奇观到干热河谷，再到形态各异的喀斯特地貌，加之江河峻峦交错分布，几乎囊括了所有的地形地貌特征。云南是生物多样性的大观园，汇聚了3万多种植物和数千种动物①。云南丰富厚重的文化资源，绝大多数分布在广大农村地区，是具有世界意义的中华文化的重要内容，是云南特色文化产业重要的资源和财富，它们一旦搭上产业的快车，就会转化成巨大的物质力量，对全省农村经济社会的发展起到不可估量的推动作用。

（4）边境文化

云南与缅甸、老挝、越南三国接壤，边境线总长4060千米。云南

---

① 唐嘉荣，陈真，李常林．中国文化产业发展模式解析：云南文化产业发展启示录［M］．昆明：云南民族出版社，2006.

边境文化资源具有历史久远、类型多样、内容丰富、特色鲜明、珍贵稀缺、互补共融的特点。从云南边境地区民族文化资源的分布、构成、景观质量及特征、开发程度、社会情况等来看，云南边境地区许多丰富资源未加以开发利用，资源优势还未转换为产业优势、经济优势，可利用和挖掘的潜力还很大。

2. 具备发展文化产业的人才条件

云南地处边疆，教育文化资源相对落后，其乡村地区的教育文化水平更是良莠不齐。传统观念中大多数人都认为教育水平低下的地区没有可发展文化产业的人才，其实不然，针对云南的人才问题要转换为一种新的视角去理解和衡量。在云南乡村地区掌握着一技之长的文化人才比比皆是，只要能够发挥自己的一技之长，进行文化创意，文化产品生产、加工和服务，都是文化产业人才。此外，在云南聚居的少数民族中也同样有文化人才，即记录民族文化的传人或者工艺美术人才等，他们都可以在乡村文化产业发展过程中把传统的手工艺制作技术、歌唱技巧、舞蹈能力等变成文化产品或服务。所以，单纯凭受教育程度判断云南乡村地区没有文化产业人才是非常片面的观点，实际上云南乡村地区缺少的是能够组织和引导文化资源进行产业化发展、能够进行文化产品市场拓展、能够引导农民利用高科技对传统文化资源进行产业开发等方面的复合型人才①。

① 范建华．范建华集［M］．昆明：云南大学出版社，2015.

3. 云南特色文化产业发展已有一定基础和开发经验

全球文化产业发展风生水起，云南各州市也紧跟文化产业发展的步伐，按照党中央和国务院的部署，在各地区开展了多样的特色文化产业实践，为特色文化产业的发展奠定了一定的基础。这主要还得归功于近年来文化旅游行业的蓬勃发展。旅游业的发展刺激了人们对文化的需求，促进了对旅游文化的开发和保护，在大量的需求背景下催生了文化产业发展的新平台，促使乡村旅游、乡村手工艺品制造销售、乡村文化休闲娱乐等产业快速发展起来，有效地带动了各地特色文化产业的发展。发展至今，各州市都已初步形成了各具特色的文化产业发展雏形，如大理新华村的银饰、剑川木雕、楚雄刺绣等，在云南省甚至是全国都产生了一定的影响。此外，在国家重视农村经济发展的今天，针对发展农村经济制定了很多帮扶政策措施，许多农村和农民多年劳作累计下来已有一定的经济实力，加之农村拥有大量剩余劳动力，在云南贫困地区脱贫攻坚的道路中基于自身发展的基础，不断吸取经验教训后，各地的特色文化产业都已经形成了自己开发的路径①。目前，各州市都已在文化产业领域形成了走具有自己特色的发展之路的认识，努力从彰显特色的地域文化、传统民族文化的方向进行发展，积累了文化产业发展的许多经验，对文化产业发展理论进行了一些探索和总结，为促进乡村文化振兴打下了坚实基础。

---

① 范建华．范建华集［M］．昆明：云南大学出版社，2015.

三、特色文化产业对脱贫攻坚的作用

（一）有利于贫困人口摆脱头脑中的贫困，在体现物质财富效益的同时凸显出巨大的精神财富效益

自发性是特色文化产业发展的一大特性，广泛、坚实的社会基础与民生是特色文化产业所具备的优势，因此特色文化产业的发展不是一成不变的，它不仅在发展过程中传承记录了民族文化，还在顺应时代变迁的过程中不断传承创新。特色文化产业与地方的天生亲和度能够有效弥补贫困地区观念落后、生产力薄弱、技术不发达等发展短板，将人们日常生活中所蕴藏的文化遗产资源加以保护开发，以小博大，不断精细化地进行培育和转型升级，在这个过程中把民众的文化自信、家乡情结和遗产保护、生态保护意识强化树立起来。随着地方特色文化产品的开发、流通越来越多和贫困人口收入的上涨，人们肉眼可见的财富积累和生活水平大幅度提升，更为重要的是人们的精神面貌产生了巨大的变化，他们从“等靠要”贫困意识中走出来转变成了自己自觉动手，从外出打工转变成了关注家乡资源利用和开发等，逐步实现从文化发展的自发性向自觉性飞跃①。

① 齐勇锋，李炎．中国文化的根基：特色文化产业研究（第三辑）［M］．北京：光明日报出版社，2017.

（二）有利于推动中国农村经济发展方式转变和乡村振兴

特色文化产业的价值不仅体现在精神文化领域，更体现在创造经济效益、提高经济收入、增加财富积累上。在农村传统生产资料受到严重局限、传统生产方式受到严峻挑战、传统劳动人口出现大量过剩、新的消费对象和消费方式不断出现的情况下，发展特色文化产业，成为农村地区脱贫致富和扩大物质积累的重要渠道。农民群众积极参与发展文化产业，最直接的好处就是开辟了增收致富的新路，提高了经济收入水平，体现了文化富民的功能和价值。发展特色文化产业，还催生了新的农业产品、提升了农业产品品质、形成了新的农村消费、实现了农业的可持续发展，从而推动农村经济发展方式转变、加快农业产业和产品结构调整。同时，发挥了文化育民和文化安民的社会功能。显而易见，这也是乡村振兴的有益举措。

（三）有利于带动就业

云南原贫困地区山多地少，与城镇的发展速度相差甚远，生态又十分脆弱，近年来城乡差距愈发扩大，农民收入增长速度渐缓，形成了以劳动力输出为主的所谓“民工潮”，但是向外输出的农民工在城镇里由于受教育程度低而找不到收入较高的工作，导致外来务工农民的工作十分不稳定，最后造成了一系列的社会问题。其主要原因在于当地就业岗位供给少，无法帮助农民在当地就业和增加收入。特色文化产业的发展，能够在原有的传统种植业、养殖业结构下，增加新的产业就业机会，特别是特色文化产业，由于其具有劳动密集型的特点，可创造更多就业岗位，带动更多剩余农村劳动力就业①。

（四）有利于开辟脱贫致富新路，提高农民收入水平

脱贫前，云南贫困地区聚集了大量的贫困人口，所以云南也是我国之前扶贫攻坚的主要着力点。云南由于受地形地貌的影响，山高谷深、交通闭塞、生存生产条件比较恶劣，导致贫困面广、贫困程度深。脱贫前，贫困问题已经成为阻碍云南经济社会发展的一大问题，党委、政府都在致力于帮助农民摆脱贫困；但同时也正是因为云南贫困地区山高路远、长时间与外界隔绝，才使得当地特有的民族文化资源得以完好地保存，具有民族文化独特、文化积淀深厚、民族风情浓郁的特点，开发价值极高，是发展文化产业的宝贵资源。历史和现实原因决定了这些贫困地区发展特色文化产业是一条发家致富的道路。此外，文化产业具有产业链长、辐射面广、群众参与性强、投资见效快、资金回收周期短等特点，这些特点成就了贫困地区可以发展文化产业作为脱贫致富的最佳途径；文化产业的开发与扶贫相结合在云南贫困地区并不罕见，例如，在全国遍地开花的以文化旅游休闲娱乐为主的“农家乐”、转型升级后的民宿产业等，已经是成绩斐然的例子，也有效地促进了农民增收②。

---

① 范建华．范建华集［M］．昆明：云南大学出版社，2015.

② 范建华．范建华集［M］．昆明：云南大学出版社，2015.

（五）有利于丰富农民群众精神文化生活，促进农民群众全面发展

2020年，脱贫攻坚战取得决定性胜利，是全面建成小康社会的标志性成果。“仓廪实则知礼节”，不断富裕起来的农民群众，精神文化需求也不断增加，文化权益也不断提升，文化民生成为一项越来越重要的内容。然而，今天的农民群众文化消费需求缺口较大，单靠传统的一般意义上的文化生产和服务形式，根本满足不了需求，解决不了问题。何况，事实证明，无论是实现对物质产品和服务的需要，还是实现对文化产品和服务的满足，都必须提高农民群众的生产能力和“造血”功能，激发农民群众的消费欲望和提升农民群众的消费水平。因此，面对农民群众的文化需求，政府一方面提高了提供公共文化服务的能力水平，让农民享受到应有的公益性、基本性、均等性和便利性的文化服务，也就是做好传统意义上的“输送文化”“文化惠民”；另一方面也充分激发了农民群众参与文化生产、文化服务和文化创造的积极性、主动性，不断培育和壮大了农村文化繁荣发展的“内生力”，也就是提升了农民群众“种文化”的能力，让农民群众从中体会到创造文化的乐趣和意义，并满足了多方面、多层次、多样化的文化需求。在得到更多的文化产品和服务的同时，依靠自身创造丰富的文化产品、提供多样的文化服务，也让广大农民充分实现自身价值，不断提高自身素质，不断激发精神动力，不断实现全面发展。这样的结果、这样的境界，靠的是农民群众通过发展特色文化产业来自办文化、繁荣文化。不仅如此，发

展特色文化产业，让农民切身感受文化带来的好处，深刻认识农村需要有文化、农业需要用文化、农民要吃文化饭，激发了农民学文化、用文化的激情和信念，产生提高公共文化服务水平、用好公共文化服务条件的愿望和欲求，从而促进农村文化事业和文化产业良性互动。可以说，发展特色文化产业，让文化乐民、文化育民的功能价值得到了充分体现。

（六）有利于保护传承中国传统优秀文化，建设中华民族共有的精神家园

一个国家和民族的文化是一条奔腾不息的河流和一片生生不息的森林，总有自己的源泉和流向、自己的根脉和土壤。千年万代不断积淀形成的文化源流和文化根系，是国家稳固统一的支撑、民族团结亲和的家园、社会发展进步的灵魂。如何发扬光大中华民族文化？科学保护传承一切优秀传统文化，合理开发利用民族民间文化资源，是一条必然的道路。这需要从国家整体上、政府层面上进行坚守倡导，更需要农民群众活态传承，需要一种科学切实的文化保护传承方式。对此，我们已经拥有很多行之有效的做法、举措。同时也发现，面对民族民间文化、优秀传统文化，农民群众如果在保护传承中得不到精神上和物质上的好处，就不会深化保护传承的思想认识和情感认同，这样也就不可能获得应有的文化保护传承效果、实现应有的文化保护传承目的。因此，适应改革开放和市场经济发展要求，大力发展特色文化产业，充分依托农村各地

文化资源实际、积极借鉴现代先进技术条件，在科学保护、合理利用的前提下大力开发民族民间文化资源的多重功能价值，也是一种继承、弘扬优秀民族民间文化的有效做法。简言之，这是以发展特色文化产业的形式和手段，有效传承和弘扬优秀民族民间文化。

四、特色文化产业促进脱贫攻坚分析

（一）主要做法

1. 提高认识，增强文化自信

脱贫攻坚期间，各部门把发展文化产业对于扶贫工作的重要性、紧迫性和使命感放在突出位置，提高认识，宏观思考，从贫困人口日常生活中蕴含的文化遗产资源开发入手，以小博大，不断完成从粗放到集约、从简陋到细致的专业培育及转型升级过程，助推贫困群众摆脱头脑中的贫困，不断加强部门间的联动，整合全省优势资源，在体现物质财富效益的同时凸显出巨大的精神财富效益。

2. 找准比较优势，助推贫困地区经济发展方式转变

对云南独特的文化资源进行整体把握，具体全面地分析市场开发价值，通过顶层政策设计，帮助和鼓励云南特色文化资源与市场进行强效有力的对接，以云南各地民族长久传承下来的民族手工艺、民族民间歌舞等作为主要帮扶内容，以非遗生产性保护、特色文化产业示范点等形式，借助非遗保护资金、文化产业发展资金的帮扶，大力开发具有云南

当地特色、民族优势的特色文化产业，带动云南贫困地区的农户增收致富，打造出一个具有当地文化特色的“非遗”传承保护、民族手工艺、民族民间歌舞文化产业集群，利用文化产业的发展有效扶贫①。

3. 龙头带动，增加就业

脱贫攻坚期间，紧紧抓住文化产业资本循环周期短、投资回报率高、产业带动能力强、能源消耗低的产业特点，充分发挥贫困地区民族文化资源和环境资源的优势，助推贫困地区经济发展方式转变和农业产业结构调整。充分凭借特色文化产业劳动密集型的特点，在原有的传统种植业、养殖业结构下，创造更多的就业岗位，带动更多的剩余农村劳动力就业②。

4. 开辟脱贫致富新路，提高农民收入水平

脱贫攻坚期间，发挥云南民族文化独特、文化积淀深厚、民族风情浓郁等特点，依托贫困地区文化产业优势，结合文化旅游的融合发展，策划建设一批包括技术支撑、投资融资、研发设计、信息咨询、合作交流等功能的文化产业综合服务平台，加强文化与相关产业融合，通过农家乐、乡村旅游、民族民间工艺、节庆产业发展等产业，多渠道展示、完善营销体系，提高农民收入水平。

---

① 文化部财务司，武汉大学国家文化财政政策研究基地．文化精准扶贫模式及机制研究报告：征求意见稿［M］，2016.

② 范建华．中国文化产业通论［M］．昆明：云南人民出版社，2013.

（二）取得的成绩

1. 云南“金、木、土、石、布”民族民间工艺助推脱贫攻坚①

（1）金

云南有悠久的有色金属开采加工历史和精湛的加工工艺，斑铜、银器制作、刀具等金属工艺品为群众致富带来了新活力。云南独特的金属纯手工工艺乌铜走银曾与北京景泰蓝齐名，并称“天下铜艺双绝”，其制作技艺被列入第三批国家级非遗名录。昆明官渡古镇乌铜走银文化产业公司打破传统的传承方式，面向社会公开招收学员，传授乌铜走银制作工艺，产品销往中国的香港、澳门以及日本、日内瓦等地。大理州鹤庆县新华村的民族手工艺品生产历史悠久，多以家庭小作坊加工方式为主，至今已有一千多年的历史，目前已形成了家家搞加工，户户办工厂，一户一品的生产格局。全村从事手工艺品加工的有 887 户，占总户数的 85%；从业人员 1470 人，占全村总劳动力的 59%。传统的手工工艺品加工，为人们开辟了一条生财之道，每年仅民族旅游工艺品加工收入就达 2100 万元，户均收入近 2 万元。

鹤庆新华村银饰产业。新华村银饰产业带动脱贫致富有基础。鹤庆县新华民族村位于鹤庆坝子西北角，凤凰山脚下，东临万亩草海湿地，距县城 7 千米，距草海镇政府驻地 3 千米。平均海拔 2197 米，年平均

---

① 云南民族民间工艺品特色文化产业开辟群众脱贫新路子［EB/OL］. 云南网. https://yn.yunnan.cn/system/2018/07/23/030026791.shtml.

气温 13.8℃，年降水 1000 毫米。2017 年全村有 1337 户，6298 人，劳动力 5360 人。先后被各级命名为“中国民间艺术之乡”“云南十大名镇”“中国乡村旅游创客示范基地”等。在乡村旅游业的带动下，新华银铜手工艺专业村已粗具规模，逐步成为中国西南地区银铜器工艺品加工和销售的集散地。新华村是一个白族聚居村，村子旁环绕着一年四季清澈见底的黑龙潭、星子龙潭、仕庄龙潭和风景优美的鹤庆草海湿地。不仅有独特的田园风光和浓郁的白族风情，而且有着悠久的民族手工艺品加工历史，早在南诏国时期，这里就开始加工制作民族手工艺品，至今已有一千多年的历史。十一届三中全会前，这里的群众生活十分艰辛，广大群众主要依附于人均不足 1 亩的耕地，以产粮为主，维持着单一的农业生产，传统的手工艺加工也仅限于农闲季节，“小炉匠”们走村串寨，游走他乡，一头行李一头工具，走一路打造一路，没有规模。1979 年，农民人均纯收入仅有 274 元。实施文化旅游开发后，新华村大力调整产业结构，发挥优势，引导和鼓励群众积极开展民族手工艺品加工和开发，将剩余劳动力从农业中分离出来，将资源优势转化为经济优势，把民族手工艺品加工、制作、销售作为经济优势，带动文化旅游产业发展，有效地调整了农村经济结构。近年来，在乡村旅游业的带动下，以新华、秀邑为典型的 10 多个银铜手工艺专业村已粗具规模，逐步成为中国西南地区银铜器工艺品加工和销售的集散地。新华村通过电子商务平台，大力开展网络外销，经统计，2017 年淘宝网上活跃卖家 122 家，共有订单商家 130 户，形成规模的年销售收入 30 万元以上的有

15 户。寸发标、千锤佳艺、寸四银庄等银饰加工企业在天猫、京东等平台开设旗舰店，同时还通过微信平台销售，年均销售 200 余万元，2016 年实现网上销售收入近 5000 万元。据统计，新华村 2018 年共有手工艺从业户数 985 户，占全村总户数 1337 户的 73.67%，银铜铁铝加工销售产值近 22 亿元。传统的手工艺品加工，为人们开辟了一条生财之道，每年仅民族旅游工艺品加工收入就达 2100 万元，户均收入近 2 万元。

（2）木

木竹藤草工艺产品拓展群众增收有亮点。云南植物种类丰富，被人们称为“植物王国”，群众依托木竹藤草工艺品逐渐鼓了腰包。大理剑川县狮河村木雕制作历史悠久，匠人辈出，依托这一民间工艺资源优势，目前，剑川木雕艺术小镇项目建设已全面启动。据相关负责人介绍，建成后的小镇将成为展示大理白族文化和剑川木雕文化的新名片。西双版纳傣族自治州勐海县勐遮镇曼恩村委会约 300 户人家利用资源丰富的竹子，编制傣族传统工艺竹器用品，年收入超过 11 万元。梁河县葫芦丝成为中国唯一一种民族器乐地理标志产品，同时被授予国家地理标志证明商标。德宏葫芦丝完成了从文化艺术到特色文化产业的蜕变，正形成集加工生产、演奏培训、音像制品制作于一体的葫芦丝特色文化产业体系。

狮河村木雕产业。甸南镇狮河村是剑川县有名的木雕村。2019 年，全村621户人家中就有570户从事木雕工艺，2019年实现产值4.74亿元[①]。该村木雕雕刻历史悠久，木雕文化底蕴深厚，木雕技艺精湛，木雕产品知名度高，木雕生产群众基础很好，每年都有盛大的木匠祖师鲁班祭师会在村内举行，木雕产品主要以生产加工各式各样的格子门为主。曾先后被命名为“中国木雕艺术之乡”、文化旅游木雕村和民俗文化试点村。但是，长期以来，狮河村从事木雕生产经营的个体户各自为政、无序竞争，没有形成产业规模，产品主要以粗加工的格子门为主，产品科技含量低，没有形成核心竞争力。2002年底，狮河村有形成一定规模的木雕生产经营大户9户，木雕产业收入不到全村年总经济收入的30%。

剑川县深化文化体制改革加快文化产业发展工作领导小组办公室结合国家、省、州相关精神和全县实际，多次深入狮河木雕村，了解木雕产业现状，与狮河村两委班子和甸南镇党委政府一起探索狮河木雕文化村的未来发展道路。通过认真调查，发现影响狮河村木雕产业发展的最大障碍是没有形成品牌核心竞争力。要改变现状，就必须制定出台相关扶持政策办法，特别是要组建木雕工艺协会，改变木雕生产经营户单独参与市场竞争的方式，建立起一个全新的经济实体参与市场竞争，从而提高狮河木雕产业的整体竞争力，发展壮大狮河木雕文化产业，实实在在地增加农民群众的收入。最大限度地整合技术和人才资源，按照“支

① 云南剑川落成“木雕小镇” 千年“木雕之乡”又添新家［EB/OL］. 腾讯网. https://new.qq.com/omn/20200917/20200917a0GNPP00.html.

部牵头、协会搭台、农户唱戏”的思路，县文产办在狮河村成立了剑川县狮河木雕工艺协会，木雕生产大户张月秋为首任会长。协会积极推行“公司+基地+农户”的生产经营模式，农户以会员的方式加入木雕协会，将资金、技术、信息等优先集中于木雕工艺协会。木雕工艺协会根据市场需求，积极为木雕生产经营户提供产品设计、生产组织、原料供应、产品销售等服务，把木雕生产与市场有效连接在一起，形成了组织严密、分工有序、充满活力的木雕产业链。全村99%的木雕生产经营户加入了协会，成为协会会员。

目前，剑川木雕（集团）有限责任公司、剑川木雕总公司、剑川古典木雕家具厂、剑川县塔山木雕厂、剑川县民族木雕工艺品厂等已成为带动分散木雕工匠致富的龙头企业，“公司+农户+市场”的专业模式已初步形成。现在剑川县有木雕工匠艺人7000多人，专业生产企业10家，个体经营户1500多个。各种造型的透雕、镂空雕、浮雕的格子门占有云南省50%的市场，古建筑及装饰装修占有云南省30%的市场，各种旅游工艺品销往美国、日本、加拿大等120多个国家和地区。剑川木雕产品也向多元化发展，嵌石木家具、现代家具、园林古建、室内装饰装潢、旅游工艺品五大系列200多个品种的剑川木雕，集艺术价值、观赏价值、珍藏价值、实用价值为一体，备受市场青睐。2015年，全县木雕产业实现产值2.83亿元，木雕产业已成为全县农民增收致富的一大新兴产业。剑川木雕每年产值近亿元，形成了以县城为中心的木雕专业生产销售辐射区，辐射范围包括甸南、剑阳、沙溪等乡镇，涌现出一批以狮河村为典型的木器木雕专业村。

（3）土

云南充分开发建水紫陶、华宁陶、玉溪青花、迪庆尼西黑陶、傣族慢轮陶等陶瓷泥塑工艺品，大力促进群众增收致富。近年来，玉溪市华宁县重点扶持陶瓷产业，在华宁陶发源地碗窑村建设了华宁陶文化展示中心等。全县目前有制陶企业、工商户 51 户，从业人员 1700 多人，陶产业的年产值实现 5 亿多元。2016 年，碗窑村成功申报为国家级传统村落。红河州建水县被称为“中国名陶之乡”，建水紫陶被誉为“中国四大名陶”之一。当地通过以点连片打造紫陶文化创意园、紫陶文化主题街，合理配置紫陶资源空间布局，把建水的紫陶文化、民居文化和米轨文化一一呈现，有效地促进建水紫陶产业的转型升级和提质增效。建水紫陶文化产业园贡献文化产业增加值达 8. 36 亿元，在全省同类型文化产业园区中排名第一，有力地推动了民族地区经济社会繁荣发展。

玉溪华宁陶瓷产业。土陶产业助力群众致富有前景。华宁县地处云南省中部，县城距省会昆明 146 千米，距玉溪 47 千米，东面和南面与红河州的弥勒市、建水县接壤，西面和北面与通海、江川、澄江相连，东北角以南盘江为界与昆明市的宜良县毗邻，处于昆河、昆洛两条纵向交通之间，位于滇中经济圈范围内，是昆玉红旅游文化产业经济带核心区。历史上，明朝30 万大军对云南的远征与留守，使得中原文化开始和云南的边疆少数民族文化高度融合。明洪武年间（1369 年），江西景德镇人车鹏来到了华宁，把江西最先进的制陶技术带到了华宁。600 多年来，制陶工艺在玉溪华宁得到了继承和发展，可谓“五千里方圆有宁州陶器，六百年技艺源景德瓷都”。华宁陶成为西南地区彩釉陶的重要代表，被称为“中国陶瓷活化石”，是玉溪古生物、古青铜、古陶三大古文化中唯一还在传承、发展的鲜活的文化遗产。截至2016年底，华宁县已有制陶在册企业、工商户56户，从业人员1700多人，陶产值超过5亿元，全县文化产业占GDP比重预计为4.1%。华宁成为以陶为主题的旅游目的地，每天到华宁购陶、赏陶、玩陶的人络绎不绝，猜窑、陶艺展示、陶艺比赛、陶吧等一系列活动吸引了大量游客汇集华宁。省内其他州市及省外游客不断增多，锦窑的猜窑活动成为华宁陶吸引游客到华宁旅游的新亮点。通过几年的发展，华宁陶产业发展的社会氛围日趋浓厚，华宁陶从业人员的自豪感增强，陶产业传承的链条开始重新扣上，华宁陶已成为云南、玉溪文化产业发展的关注点。2016年，碗窑村成功申报为国家级传统村落。

（4）石

云南丰富而宝贵的玉石及观赏石资源，为群众增收致富提供了得天独厚的条件。以中国翡翠第一城腾冲、中国琥珀之都腾冲、黄龙玉之乡龙陵、隆阳南红玛瑙为内容的保山四大珠宝品牌进一步在全国叫响。滇西边境的瑞丽市和腾冲市10多年来成为云南珠宝文化产业发展的前沿城市和全国重要的珠宝原料进口、翡翠成品交易地。瑞丽市获批建设“全国翡翠文化产业知名品牌示范区”。黄龙玉的出产加工成为龙陵县的一大产业支柱，龙陵黄龙玉文化产业园区是全省首批10个重点文化园区之一。云南石产业不仅有珠宝玉石，还在金沙江、怒江、澜沧江流域形成了奇石文化产业，在永仁、会泽等地形成了砚台产业，成为群众增收致富的生力军。

瑞丽翡翠产业。玉石产业成为群众增收生力军。瑞丽市是国家重点开发开放试验区之一，位于云南省西部，隶属德宏傣族景颇族自治州，辖3镇3乡2区2农场，常住人口19万余人，面积1020平方千米，与缅甸接壤，国境线长169.8千米，有2个国家一类口岸和1个二类口岸。瑞丽毗邻缅甸翡翠主产区，瑞丽口岸是缅政府指定的中缅边境的玉石毛料出境通道，其区位、口岸和政策等优势无可替代。瑞丽是全国四大珠宝集散地和首批“中国珠宝玉石首饰特色产业基地”之一，享有“中国翡翠源头”“玉出云南，玉从瑞丽”“精彩瑞丽、宝贵之都”和“东方珠宝城”等诸多美誉。瑞丽是缅甸翡翠、红蓝宝石和树化玉的主要集散地，是南红、黄龙玉和琥珀等的加工和销售地，还是斯里兰卡、非洲等国家和地区以及国内各种彩色宝石、玛瑙、琥珀等稀有宝石的主要销售地。除翡翠外，还有钻石、红蓝宝石、黄龙玉、硅化石、琥珀、玛瑙等。据不完全统计，瑞丽市面上的珠宝品种约有100余种。截至2015年底，瑞丽市登记在册的珠宝企业有586户、个体工商户5017户，从业人员6万余人，其中来自缅甸、印度、巴基斯坦、孟加拉国等国的外籍珠宝商有近3万人。先后建成了以珠宝步行街、华丰珠宝城、姐告玉城、金星石木文化城、德龙国际珠宝城等为代表的一大批珠宝城和市场，各大珠宝城功能不一，特色各异，形成了早市和夜市、成品和毛料、艺术品和工艺品、精品街区和普通市场相结合的具有本地特色的珠宝市场体系。据不完全统计，目前，瑞丽有各类珠宝专业市场20余个。瑞丽珠宝产业有一套完整的产业链，集毛料集散、创意设计、雕刻加工、批发零售、收藏拍卖、会展赛事、人才培训和文化交流于一体。瑞丽市依托珠宝产业优势，积极争创“全国珠宝产业知名品牌创建示范区”，2016年9月，已通过了由国家质检总局和中国质量认证中心组织召开的“全国知名品牌创建示范区”文审论证会。创名牌、树品牌在全市珠宝行业蔚然成风，有一大批珠宝企业和门店被评为中国珠宝玉石首饰行业“优秀企业”“优秀放心示范店”，云南省“特色文化示范街区（市场）”“特色文化示范企业”“石文化产业百佳名店”“珠宝消费满意示范点”“云南省著名商标”和“德宏州知名商标”等。

（5）布

云南民族刺绣产业有着形态各异的花样针法和丰富多彩的图案设计。云南省在布产业发展方面，以各少数民族聚居区为重点，以彝族、苗族、白族、哈尼族、壮族、瑶族、傣族、布依族等多个少数民族的刺绣文化为基础，打造“云绣”系列产品及品牌，取得了良好的经济和社会效益。楚雄州大姚县咪依噜民族服饰制品有限公司采取“公司+合作社+农户”的运营模式，年销售收入有1600多万元，拥有绣娘1000余人，并对2000多名绣娘进行技能培训，解决了当地农村留守妇女的就业问题。

楚雄刺绣产业。刺绣产业带动就业有成效。楚雄市是全国两个彝族自治州之一的楚雄州州府所在地，它历史悠久，资源丰富，彝族文化博大精深。千百年来，代代传承的彝族民间刺绣浓缩了彝族特色文化的精华，丰富着彝家儿女的生产生活，彝绣也成为外界认识彝州、了解彝族文化的重要窗口之一。勤劳的彝族妇女们缝制的包头、帽子、围腰、马甲、衣服、裙子、鞋子、挎包、饰品等，工艺独特，构图精美，色彩艳丽，寓意深刻，具有很强的实用价值、观赏价值和收藏价值。彝族妇女虽然心灵手巧，但由于受传统思想的影响，多年来，她们也只是把彝绣当作一种基本的技能，所绣的东西大多数只是满足于自我消费。近年来，按照建设民族文化强州的要求，楚雄市委、市政府提出了“打造彝族文化精品、发展彝族文化产业、建设彝族文化名市”的思路，积极培育和扶持彝绣生产，使彝绣发展迈出产业化步伐。

针对彝绣单一化生产的群体特点，楚雄市依托全市各级妇联组织，立足妇联工作实际，培植壮大彝绣产业。为了寻找到一条既能使农村妇女居家就业、增收致富，又能与市委、市政府的发展思路紧密结合的路子，市妇联从2003年开始，多次深入到民族聚居村，就民族刺绣进行调研，通过调研充分认识到“发展彝族刺绣产业，既可以充分发挥妇联组织广泛联系妇女群众的桥梁纽带作用，又能用小小的七彩线使广大农村妇女不用背井离乡外出打工，就能用她们的聪明才智能居家就业、增收致富”。2004年以来，州、市妇联先后组织相关工作人员到昆明、大理、丽江等地开展市场调查。调研后，确定在楚雄彝人古镇、紫溪彝村、吕合镇、三街镇、树苴乡、大过口乡、八角镇、中山镇等八个示范点实施民族刺绣品开发项目，尝试用示范点项目运作的形式，来挖掘、收集、推广、开发、组织彝族刺绣的发展。在培植彝绣产业工作中，楚雄市主要在“六个方面着力”，即：以培训绣女为基础，着力提高她们的刺绣水平；以发展协会为依托，着力搭建彝绣发展平台；以示范基地为窗口，着力扩大彝绣产品的影响力；以组织活动为载体，着力营造发展彝绣产业的良好氛围；以实施小额信贷“贷免扶补”项目为抓手，着力推动彝绣产业化发展；以培树典型为重点，着力挖掘扶持彝绣人才，为城乡妇女开辟了一条增收致富的新路子，创出了彝族刺绣特色品牌，传承和保护了彝族传统文化。同时，楚雄市妇联每年都如期举办彝绣女经纪人、女能手培训班，加速了彝族刺绣等妇女特色产业的发展，使彝绣女能手们的刺绣水平不断得到提高。为解决农村妇女缺资金难题，在实施小额信贷“贷免扶补”项目的同时，对符合条件的彝绣妇女们给予倾斜扶持，适当放宽政策，让她们尽量减少后顾之忧，使大批有彝绣技能的女能手不出家门就能为家庭增收，也能让彝绣这一技能得到很好地传承。通过几年的努力，目前全市共有20人成为州妇联彝绣协会（2008年9月成立）会员，楚雄市也成立了妇女彝绣协会8个（分布在8个乡镇），有会员1998人。近年来，全市妇联组织投入彝绣产业发展资金共60多万元，成立彝绣展销部16个。2012年彝绣女能手销售彝绣产品10万多件，销售收入有150多万元，彝绣已成为云南民族地区农村妇女增收致富的重要产业，成为文化产品出口创汇的重要来源。

近年来，云南民族民间工艺品特色产业发展迅速，以云南民族民间工艺品为主的生产企业有2200多家，销售企业有7000多家，相关从业人员有40多万人，年销售额有90多亿元。“金木土石布”五位一体的云南民族民间工艺品产业发展体系正在成为云南特色文化产业的闪亮名片，开辟了群众增收致富的新天地。

2. 云南节庆、演艺、影视助推脱贫攻坚

云南作为一个多民族省份，有着25个人口在5000以上的世居少数民族。各少数民族经过长期的历史演进，形成了各自丰富多彩、个性鲜明的民族节日，孕育出独特的节庆文化。据云南省人民政府门户网站不完全统计，云南少数民族各种节日有一百余个。这些节庆活动都与民俗文化相结合，并逐步走上市场化运作道路，成为特色文化产业的重要组成部分，如“泼水节”作为傣族传统节日，经公司化开发运作，已成为西双版纳傣族园一个重要的文化产业项目，发展成“天天泼水节”品牌。曲靖市罗平国际油菜花文化旅游节的创办，带动罗平县数万亩油菜花的规模化种植和土特农副产品的包装、开发，通过文化大大提高了农副产品的附加值。红河州绿春县每年坚持举办哈尼长街宴，实现了民俗民风、民族歌舞、民族服饰及特色饮食文化与旅游的互动。云南各州市县利用少数民族节日，如大理白族的“三月街”、彝族的“火把节”、景颇族的“目瑙纵歌节”进行乡村文化产业发展，助推了文化产业与旅游产业的互动，使其初步形成集商贸、旅游、民俗文化展演为一体的大型乡村节庆活动。此外，新兴节日不断出现，如德宏国际珠宝文化节、普洱市的普洱茶文化节，以及云南各地举办的旅游文化节等，逐渐成为民间戏曲、民族歌曲、民族舞蹈、民俗活动、民间手工艺品、特色风味小吃等乡村文化荟萃的重要平台，成为活跃乡村经济、发展特色文化产业的重要手段。

民族民间演艺业是云南乡村文化产业中富有发展潜力的重要部分，且在海内外拥有较高的知名度，以《云南映象》为代表的歌舞集表演成功地为云南乡村演艺产业的发展指明了方向。此后《丽水金沙》《勐巴拉娜西》《印象·丽江》《梦幻腾冲》等演艺产品形成了较为完整的民族演艺产业链，创造了巨大的经济效益。此外，以农民群体自发形成的农民演艺团体广泛出现，并迅速发展壮大，为特色文化产业发展开辟了新的途径，如曲靖市兴起的农村文化户，至2015年从业人员已有2.5万余人，年经营总收入近4亿元。农村演艺产业规模化发展且经营范围不断拓展，由传统的民俗民间传统文化节目表演，逐步发展为庆典工程策划、场景设计施工、图书音像制品、影视放映等多元化发展模式，呈现出规模化、产业化的态势。

电影电视产业的“云南题材”“云南摄制”也在国内影视界形成冲击波，成为云南最具资源优势和产业特色的文化业态。沧源县翁丁村通过原生态民居整体建设项目，成为《云南往事》《司岗里》《孔雀眼》等一批影视剧的拍摄取景地，带动了旅游业和影视拍摄的发展，逐步成为以佤文化和民族文化为题材的影视拍摄基地。

3. 特色文化产业与乡村旅游、农业、特色小镇等领域融合助推脱贫攻坚

文化产业是一个渗透性、关联性很强的产业，与多个产业存在天然的耦合关系，具有与其他产业融合发展的良好基础和广阔空间。2014年2月，国务院出台了《国务院关于推进文化创意和设计服务与相关产业融合发展的若干意见》，同年云南公布了《云南省人民政府关于推进文化创意和设计服务与相关产业融合发展的实施意见》，此后《云南文化产业“十三五”发展规划》指出，“十三五”期间，云南将推进文化产业与旅游、科技、金融等融合。由此可见，文化产业的融合化发展已成为大势所趋。云南挖掘利用乡村文化资源，在助推乡村脱贫方面取得了良好的发展成就，例如，元阳依托4A级元阳哈尼梯田景区，挖掘景区及周边具有开发价值的民族村落、历史文化村镇和生态农业园区，建成以景区为主题的10个乡村文化旅游点、4个生态农业文化园区为补充的“红河哈尼梯田世界文化遗产乡村文化体验空间”，为云南特色文化产业与旅游产业融合做出了示范。随着云南旅游业的“二次创业”，云南文化旅游业从城市周边向广大乡村延伸，从个别转向全面发展，呈现出遍地开花的态势。西双版纳傣族园利用民族文化资源，做大做强文化产业，拉动乡村经济繁荣，促进就业。傣族园将曼将、曼春满、曼听、曼乍、曼嘎5个连片自然村总体开发，建造了勐巴拉娜西歌舞剧场，组建了艺术团，发展为4A级景区，实现了傣族文化保护和开发并重、经济效益和社会效益双丰收。楚雄州南华县打造“咪依噜风情谷”

并建设成国家 AAA 级旅游区，实现了从乡村旅游到旅游景区的转变，2017 年春节“黄金周”期间接待游客 17588 人次，实现旅游收入 648 万元，是楚雄州乡村旅游发展的典型。禄丰县依托世界恐龙谷景区和黑井古镇景区等发展乡村旅游，2016 年共接待游客 520.6 万人次，实现旅游总收入 40.55 亿元。其他如红河州元阳县元阳梯田文化旅游业的发展、昆明市盘龙区一批农业生态种植园的文化旅游化开发、抚仙湖周边乡村文化旅游点的开发、腾冲市中和乡古银杏村的整体开发等，都呈现出良好的发展趋势，展现了带动乡村经济发展、带动乡民增收致富的巨大发展空间。

云南通海挖掘老县城人文旅游资源，开发建设河西镇河西村、高大乡克呆村、兴蒙乡白阁下村、里山乡大黑冲村等特色旅游村和河西碧玉山淳园等项目，结合通海蔬菜、花卉等高原特色现代农业，深入挖掘通海农耕文化的内涵及其当代价值，加强农耕文化的传承和发展，开发生态观光农业；不断丰富农业品牌、农事景观、环保包装、乡土文化等的创意和设计，在传统的农耕文化基础上，采取多种形式，做成农耕体验、果园采摘、田园观光、生态酒店、生态餐饮等，开发集休闲、观光、美食于一体的绿色、健康、环保的生态体验游，吸引昆明、玉溪及周边城市居民来此体验、放松和休闲；大力种植培育康乃馨、玫瑰、满天星、百合等适宜通海县的花卉品种，鼓励家庭连片生产，引导玫瑰系列精深加工，发展观光摄影、婚庆产业；积极鼓励社会资源投入到传承和发展农耕文化的项目中；鼓励家庭农场建设展示与传统农业生活相关的场景，丰富农业文化内涵，扩宽农民致富之路。

特色小镇指的是依托某一特色产业和特色因素打造的具有明确产业定位、文化内涵、旅游特征和一定社区功能的新型城镇化开发项目。特色小镇的建设必须有文化定位，需要村民共同参与，依靠特色建设特色小镇，通过整合各种资源要素提升产业内涵，从而延伸乡村文化产业链，实现产业集聚，发展乡村经济，引导村民致富，将乡村价值最大化。通海县依托通海的地域文化、乡土民俗、历史遗存、传统工艺、民族服饰、美食等资源，以文化基因和文化元素提炼为核心，以创意和再生设计为手段，打造“通海曲陀关甜白酒文化小镇”“河西特色旅游小镇”“纳古伊斯兰文化旅游特色小镇”“中国南方高原蒙古族部落少数民族特色小镇”等情调韵味浓郁、旅游业态鲜明、人文气息浓厚、生态环境优美、宜居宜游宜业、文化特点鲜明、主导产业突出的特色小镇，将特色文化产业发展纳入新型城镇化建设规划和美丽乡村建设。

都市农庄是利用城镇周边的田园风光、自然生态环境等资源，以农林牧渔等特色农业的生产、加工、经营为基础，以现代生产资料、生产方式、科学技术、经营管理为支撑，具备休闲观光、文化娱乐、餐饮住宿等功能的产业形态。昆明市于 2009 年启动了以都市农庄建设为主要内容的现代农业园区建设，其中，石林台湾农民创业园（以下简称石林台创园）取得了良好的经营成效。石林台创园于 2008 年 12 月经农业部（现为农业农村部）、国台办批准设立，园区总面积达 20 万亩。园区从无到有，逐步壮大，搭建起国家级农业科技园区品牌及对台交流合作的平台，成为云南省高原特色农业的亮点，先后获得“国家农业产业化示范基地”“国家农业科技石林台创园”等荣誉称号。自2012年起，石林台创园启动了都市农庄建设，引入了石林万家欢农业科技开发有限公司的“石林万家欢蓝莓庄园项目”、石林统一千州现代农业科技有限公司的“云烟印象烟庄和统千香草园项目”，2013年又启动了建设云南青泽农业科技发展有限公司的“石林县青泽农庄项目”、石林锦苑康乃馨有限公司的“石林锦苑都市农庄项目”和石林圣火药业有限公司的“杏林大观园项目”，成为昆明郊区休闲观光旅游的热点。截至2016年10月，石林台创园完成新增入园项目9个，新开工项目2个，建成投产项目2个，多个庄园项目落地园区。石林台创园都市农庄近年来受到游客的广泛好评，每逢节假日都会有大量游客前来观光旅游。

五、云南特色文化产业促进乡村振兴存在问题的分析

（一）乡村文化振兴与扶贫攻坚的衔接

“三农”问题是关系国计民生的根本性问题。乡村振兴战略是以习近平同志为核心的新一届中央领导集体，坚持以习近平新时代中国特色社会主义思想为指引，在中国特色社会主义进入新时代，开启全面建设社会主义现代化国家的新征程上，围绕新时代“三农”问题，加快农业农村现代步伐，加快推动我国农业大国向农业强国迈进的重大战略举措，其核心就是要满足农民群众日益增长的美好生活需要，让城乡居

民共享经济社会发展成果。

精准扶贫与乡村振兴衔接的基础在于产业振兴，产业振兴是建立解决相对贫困人口长效机制的“牛鼻子”，为生态振兴、文化振兴、人才振兴、组织振兴奠定经济基础。作为脱贫攻坚的重要支撑，产业扶贫对于带动脱贫、提高收入水平发挥了重要作用。

（二）云南特色文化产业促进乡村振兴存在的问题

虽然云南省特色文化产业促进乡村振兴迈出了可喜的步伐，但其发展还是浅层次、低水平、不规范的。主要存在以下问题：

1. 特色文化产业自身的问题

（1）文化产业基础薄弱

云南整体社会经济发展滞后，影响了文化产业的有序、持续和协调发展。群众的消费主要用于基本的物质生活，影响到当地群众的文化消费行为。同时，社会成员的总体文化素质的差异，也影响到当地群众的文化消费行为。另外，大量文化作品还远没有达到文化产品的要求，要形成超越地区的文化市场，还有相当长的路要走。

（2）文化产业要素发育不良

云南乡村地区文化产业基础条件较差，气候、地理位置、通讯、信息、交通、人力、研究机构等基础条件与内地发达地区差距较大，成为产业发展的瓶颈，落后的社会经济难以完成对基础设施的资本投入。目前旅游业仍然处于爬坡阶段，因此旅游业与文化产业还没有产生集群和融合效应。

（3）文化产业人才严重匮乏

云南很多乡村地区缺乏熟谙市场经济与经营的文化产业经营者。文化经营者的人格品质、经营理念以及经营方式对文化产业的发展有很大影响。而很多乡村地区大多数文化产业经营者文化程度较低，知识面较窄，年龄结构不合理，知识更新不够，对现代企业管理、资产经营知识掌握较少，习惯于以传统的管理手段来经营文化，致使高素质的文化经纪人、中介机构的严重缺乏成为目前文化产业发展中最大的制约因素，从而导致文化产业项目策划、包装推介工作的总体效果不明显。

2. 特色文化产业促进乡村文化振兴存在的问题

（1）观念和理论亟待更新

由于文化产业是一项新兴产业，加之很多乡村地区经济社会发展滞后，市场发育程度低，部分干部群众在思想认识上偏重文化的意识形态属性，忽视其经济属性，尤其在通过产业改变人民群众精神风貌、自觉传承民族文化、把民族文化优势转变为产业优势方面认识不清，思路模糊，对发展特色文化产业存在顾虑，不能深刻分析文化产业经济意识对乡村振兴的影响。部分干部存在为了产业而“产业”，为了及时把专项资金安排使用，盲目上产业项目，最终因气候、土壤、品种等原因，导致产业项目中途流产的现象。

（2）乡村文化产业承接能力不足

单靠注入资金，导入项目，让群众单打独斗发展产业，存在很大困难。特色文化产业过度依赖干部及其人脉资源。当地干部因地制宜，根据当地的资源禀赋探索适合当地的特色文化产业，或者将当地原有的特色文化产业做大做强，扶持产业发展，产生经济效益。但很多干部都是靠自己的才能和人脉资源主导，一些企业和投资者看重的是干部的面子和信誉，所以愿意赊账采购和投资。总体来看，乡村发展文化产业承接能力有待提高。

（3）特色文化产业带动就业经济效益不明显，效果有待提高

一些特色文化产业发展起来以后，因为销售、管理等方面经验的缺乏，难以有效地将产品推向市场，产业收益率不高，这就影响了农民的积极性。云南特色文化产业规模相对较小，收益周期较长，带动作用有限，再加之受市场波动影响，一些产业被市场淘汰，难以起到预期的带动作用。缺乏经验丰富的致富带头企业家，特色文化产业发展与预期效益存在较大偏差。近年来返乡创业的人才较多，但优秀企业家较少，一些产业存在后续投入不足、经营管理不善等情况，产业负责人因受管理理念、资金等因素限制难以将其做大做强。农民专业合作社的引领能力不强。据调查，现有的农民专业合作社很多是公司性质的，或处于空壳状态，他们只是通过挂了一块农村专业合作社的牌子，承接政府的支持款项，没有充分发挥引领广大村民共同致富的作用。

六、特色文化产业促进精准扶贫案例借鉴

（一）四川特色文化产业促进精准扶贫案例

四川的历史底蕴深厚，文化资源富集，巴蜀文化辉煌灿烂、源远流长，是中华文化中厚重而充满活力的重要组成部分，在历史各个时期都焕发耀眼夺目的光辉，三星堆、金沙遗址、乐山大佛等，无不闪烁着四川先民的伟大智慧。

2017 年，四川加快建设文化强省，文化扶贫、历史名人文化传承发展、出版振兴、丝路展等一系列推动文化繁荣兴盛的工作迅速开展，卓有成效。实施文化扶贫，既是全面小康的应有之义，也是扶贫攻坚的重要内容，有利于促进人的自我发展和全面发展，有利于促进贫困地区的可持续发展。长期以来，四川贫困地区由于文化思想观念的落后，严重制约了贫困地区的经济文化发展。对于扶贫工作来说，应进一步加大贫困地区驻村扶贫力度，将先进理念和先进技术面对面、手把手地传授给群众。还要根据四川文化资源类型和经济社会发展状况，将特色文化产业发展纳入新型城镇化建设规划，纳入幸福美丽新村建设，延续历史文脉，承载文化记忆，打造一批文化特点鲜明、主导产业突出的特色文化示范乡镇、示范村。可以说，文化扶贫是四川脱贫攻坚的重要

抓手①。

1. 案例一：蜀绣之乡——郫县（现郫都区）

蜀绣是我国第一批国家级非物质文化遗产，与苏绣、湘绣、粤绣并称“中国四大名绣”。成都郫县被誉为“蜀绣之乡”，在郫县的安靖镇，上至古稀老人，下至青春少女，几乎都会描龙绣凤。成都市政府将这一传统手工艺与村民再就业结合在一起，走出了居家刺绣的创新路。

据统计，截至2018年，郫县安靖镇的蜀绣生产基地已经在9个村形成了产业规模，共发展了1464位农村妇女成为职业绣娘。不仅她们的收入得到了极大的提高，而且解决了蜀绣传承和发展的难题，同时带动了郫县的经济发展，为整个县的脱贫攻坚贡献了不可小觑的力量。

（1）政府引导，产学研结合，打造人才梯队

蜀绣产业想要扩大经济实力，扶助郫县贫困人口，就必须发展产业，改“输血”为“造血”，但是市场上的蜀绣产品质量存在参差不齐的问题，要实现蜀绣市场化的发展，首先需要解决蜀绣人才队伍专业化的问题，成都市郫县居家灵活就业基地针对这个问题建立了一支专业的蜀绣技能教师队伍，与多个高校与企业联手展开人才培训、科研等方面的深度合作，着力培养蜀绣专业人才。

2008年至今，郫县居家灵活就业基地累计培训绣娘5000余名，1500余名绣娘长期从事蜀绣工作，绣娘人均月收入达2000元以上。通

① 栖寒．文化扶贫是脱贫攻坚的重要抓手［EB/OL］．多彩贵州网．http：//comment. gog. cn/system/2018/01/16/016354580. shtml.

过安靖基地带动发展，全县已建立11个生产基地、12个社区（村）生产车间，较大规模的绣庄22家，家庭绣坊100余个，合作社发展社员500余名。

蜀绣曾经濒临消亡，通过引入市场机制使其重获新生，产值高达上亿元。郫县蜀绣产业的发展促进了全县的经济发展，提高了郫县其他贫困镇的经济实力。现在，蜀绣作为一种文化和文化产业，共同展示在人们面前，同时四川郫县当地政府在蜀绣发展过程中的重要引导作用让蜀绣形成产业组织化、规模化、标准化的产业布局。这种生产性保护的思路对于很多有传统工艺的地方都有借鉴意义。通过市场化开发，把蜀绣这一传统产业和脱贫攻坚、发展乡村产业结合起来，走出一条新路，让传统工艺在创造经济效益的同时得到保护，只有经济发展上去了，传统文化的传承和保护才更加完善和多样化①。

（2）破解蜀绣传承困境，借助文化软实力打造经济硬实力

豆瓣酱和蜀绣是郫县特有的两个国家级非遗项目，郫县豆瓣酱早已经声名远扬，发展成为一个成熟的产业；而蜀绣的发展却远不及郫县豆瓣酱，许多蜀绣手艺传承人经济收入不高，传承缺乏吸引力，导致蜀绣陷入后继乏人的困境。

2006年蜀绣被列入国家首批非物质文化遗产名录后，郫县便开始了艰辛的探索。2009年第二届中国成都国际非物质文化遗产节选定郫

---

① 胡松．蜀绣在新时代实现“翻身”的秘密——看四川郫县如何将蜀绣变为特色产业经济［EB/OL］．搜狐网．https：//www. sohu. com/a/247060434_558426.

县安靖镇作为举办的分会场，郫县安靖以“绣·天下”为主题举办了国际刺绣艺术节，率先将自己的产品推向市场，蜀绣一战成名，闻名中外以后每年耗费巨大人力物力打造“蜀绣文化节”，活动取得了斐然的成绩，吸引了很多投资者注入大量的资金推动蜀绣的发展。

郫县2015年GDP总量达到426亿元，是四川省上榜全国百强经济县的城市之一。如今，成都市文旅相关部门和郫县共同发力，借助非遗文化节这个良好的契机，把“蜀绣”做大做强，将“蜀绣”在郫县安靖镇打造成具有良好示范效应的文化产业集群，在全国范围内已经成为文化资源转化成为文化产业的成功案例。这是一次非物质文化遗产的传承和发展的探索，一次借助文化软实力打造经济硬实力的尝试。

（3）迈上产业化之路，安靖成为现代田园蜀绣风情小镇

安靖镇的绣娘纷纷开设了规模不一的绣坊，绣坊的生意火爆，她们当老板的同时，招募了多名绣娘，吸纳了多名从业人员；蜀绣不仅让郫县安靖镇的许多农村妇女富了起来，同时也成为当地特色经济的一块金字招牌，多家绣坊创造出的产值可高达上百万元；川西其他地方的一些蜀绣大师也纷纷到安靖镇来投资办厂。绣坊的快速发展是蜀绣迈向产业化的一个缩影。

结合“198”规划区建设，郫县打造了一个集蜀绣文化展示、蜀绣技艺创新、蜀绣产品展销及观光度假、休闲娱乐为一体的蜀绣公园，建设了蜀绣艺术馆、蜀绣生活馆和七彩绣坊，搭建了蜀绣产品创新研发中心，吸引了包括中国工艺美术大师郝书萍在内的蜀绣大师来此开办蜀绣

工作室①。

蜀绣在实现产业化的过程中亟须企业参与进来，安靖镇便引进了天府蜀绣公司，将蜀绣打造成文化产品进行营销宣传，开拓市场，并且获得了国内首笔非物质文化遗产的风险投资，投资金额共计 3000 万元。

除了注重蜀绣的展销以外，安靖镇还十分注重蜀绣人才的培养。安靖镇在郫县范围内举办了大大小小 20 期蜀绣技能培训班，参加培训人数超过 3000 人，其中 200 多名优秀的绣娘获得了蜀绣技能合格证书；培训完成后的绣娘月收入提升至 2000 元以上，取得蜀绣技能合格证书的绣娘更是在安靖镇周边村寨开办了 11 处绣坊。

安靖镇抓住了非遗文化节的契机，以此为跳板大力传承蜀绣文化，将蜀绣产业发扬光大，目前已形成了集刺绣艺术品、蜀绣用品、旅游为一体化的文化产业链；安靖镇也顺势将当地打造成为一个极具浓郁田园风格的蜀绣风情小镇。

蜀绣不仅带动了郫县安靖镇的文化产业发展，而且将郫县周边的县区也联合起来，培养绣娘，帮助他们实现居家就业。传统的蜀绣为无数人铺就了一条致富之路，带领他们走出贫困，走向富足。

2. 案例二：全域旅游——稻城

近二十年来，国内外 PPT（Pro-Poor Tourism，有利于贫困人口发展的旅游）、ST-EP（Sustainable Tourism and Eliminating Poverty，可持续旅

① 蜀绣之乡郫县安靖绣出田园新形态［EB/OL］. 腾讯财经 . https：//finance. qq. com/a/20110601/003745. htm.

游与消除贫困）和TAP（Tourism-Assisting the Poor，扶贫旅游）三种旅游扶贫模式实践证明，旅游产业扶贫对于带动贫困地区经济社会发展有着其他产业不可比拟的产业优势。《四川省“十三五”旅游业发展规划》提出，要大力推进旅游扶贫。在规划中，稻城县被列入省级旅游扶贫试验区，将打造成省级旅游强县。

在20世纪末，稻城县就将旅游业纳入经济社会发展规划，提出发展旅游业。“十三五”期间，稻城县结合全域旅游示范区的创建，将旅游扶贫纳入全县脱贫攻坚最具特色的专项扶贫计划，对全县贫困村贫困户实行全覆盖，继续发挥旅游在脱贫攻坚战中的重要作用。

（1）确定战略方向，建立健全旅游扶贫体制机制

稻城县贫困人口多且贫困覆盖面广、程度深，脱贫攻坚任务艰巨。在“十三五”规划中，稻城县提出：“深入开展旅游扶贫计划，大力发展生态观光、特色乡村旅游，推进旅游扶贫示范县建设。”在稻城旅游业发展的初期阶段，稻城县政府就鼎力支持，积极配合，并成立了旅游局、旅游环境保护处、旅游开发总公司和生态旅行社等机构，支持旅游业发展。之后旅游业就成为稻城县的主力军产业，对促进稻城县发展起到了巨大作用，并且在1999年将稻城旅游业确定为扶贫产业，于2013年健全了旅游扶贫体制机制。

（2）依托优势资源，发展乡村旅游产业

稻城县充分利用地理优势和民族特色优势，将藏族房屋打造成旅游接待示范点，培育乡村主题酒店，不断推进文旅、农旅、寺旅的深度融

合发展，通过“公司+农户”“协会+农户”等经营模式，带领群众创建藏区特色旅游示范村和民宿旅游达标户，提高了当地居民的人均收入，提高了旅游业带动贫困居民经济增长的能力。

目前稻城县拥有五星级酒店1家（甘孜藏族自治州仅有3家），全县共有2.2万张床位，其中亚丁景区所在的香格里拉镇拥有9000余张。以稻城亚丁景区为核心的两个旅游集散中心——金珠镇和香格里拉镇的旅游接待能力基本上可以满足景区的旅游发展需要。

景区沿线的各个乡镇也在不断抓住旅游产业的发展机遇，从各方吸纳资金发展自己乡镇的乡村旅游。根据旅游扶贫规划，“十三五”期间，稻城县将紧扣“旅游”主线和“扶贫”主题，针对贫困村、贫困户和贫困人口做好旅游扶贫示范点建设，发挥景区和旅游项目扶贫带动作用，发展旅游商品和文化，加强旅游就业技能培训，促进乡村旅游的发展。

3. 案例三：中国特色竹编之乡——青神县

中国是世界上最主要的产竹国，素有“竹子王国”之称，四川省是全国竹资源大省。从古至今，竹在人们的生活中有着不可或缺的作用，而由竹衍生出来的竹编工艺也有着悠久的历史。四川青神县依靠国家级非物质文化遗产——青神竹编，先后荣获“中国竹编艺术之乡”“中国特色竹乡”的称号。青神县越来越多的村民参与竹编制作，不断发展提高竹编工艺技术，推动了竹编产业发展，成功脱贫致富。

（1）突破竹编产业瓶颈，创新发展模式

四川一直以来都将竹林资源作为解决吃、穿和发展致富的重要渠道，但产业结构调整和市场竞争加大也使当地百姓面临难题。为了增加收入，部分村民率先行动，勇于创新，将“卖竹”改为“编竹”，调整了发展方向。以前一吨竹子只能卖几百元，通过编织加工以后，一副好一点的竹画可以卖上千元。目前的竹编产业形式大多数已经固定，像包装盒、竹灯笼、竹茶壶、竹画等，形式局限于此，缺少更符合当下时代的创新。

随着时代发展，粗制竹制品在市场上风头不再，为使传统竹编技艺与时代发展相结合，让竹制品走向高端，竹编开启了从粗制到精编的改革。竹编制品也由单一的簸箕、背篓等，扩展到藏茶包、包装盒、竹签、竹筷以及工艺品等不同领域。更加高效地利用资源，摆脱财政和竹业行业困境，实现“绿山富民奔小康”，是增加农民收入最有效的捷径。

依托竹资源的优势，青神县加快推进竹编产业发展步伐。截至2016年底，该县有竹编产业（竹产业）企业130户，产值17.27亿元，税收2955.33万元，就业人员3.5万人，分别比2012年增长30%、180%、490%、57%，有产值1亿元以上的企业4家，产值2000万元以上的企业5家。竹，已成为青神推进脱贫攻坚、繁荣市场贸易、可持续发展的主要抓手、重要平台、关键途径①。

（2）找准工作抓手，巩固脱贫攻坚成效

四川省借助现有的资源进行开拓创新，采取“竹编＋合作社”的形式代替原有的发展模式，推动经济快速发展。一些乡镇在此模式下成立了竹编专业合作社，召集组织乡镇里的贫困乡民学习编织茶篓，大大地加快了乡镇的脱贫节奏。在竹编艺人的数量不断增加，编织技艺也在不断提升的背景下，大量精美的竹编工艺品被制作出来，受到了消费者的喜爱。“竹编＋合作社”的模式发展给乡民们带来了可观的收益，村民的生活质量直线提升，加快了当地的脱贫速度。

（3）依托文化产业园，打造竹文化精品旅游

第九届中国竹文化节在青神县举办，青神县借此东风打造了一个国际竹编艺术城，占地2.8平方千米，把竹编产业园和竹编基地附近的贫困村寨纳入提升改造范围，致力打造竹编文化创意新业态，利用3个村寨着重发展竹编文化创意，将其打造成竹产业创业创新孵化园。

国际竹编艺术城项目一共引进竹编企业16家，发展手工作坊100余家，与成都职业艺术学院联合成立竹制品研发中心，作为一个大型培训基地，培训对象主要是贫困户；此外，还将贫困户送至云华竹旅等四川知名企业中去参加就业培训，鼓励支持当地超过1000人就地从事竹

① 青神竹编艺术走入国际市场［EB/OL］. 竹编网. https：//www. shoutao-wang. cn/article. php?id =55.

编产业，带动贫困户每户人均增收1500元①。

下一步四川省将推动竹种植与竹文化、竹编工艺与竹创意设计的深度融合，打造一批竹文化馆、竹创意园、竹工艺品特色街、竹文化主题公园、竹主题景区（点）、竹生活康养基地等文化旅游产品，对列入国家、省级示范项目的予以重点支持，打造竹文化旅游精品，走出一条“竹基地+青神竹编+文化创意”的竹编产业增收致富的好路子。

（二）贵州特色文化产业促进精准扶贫案例

贵州是全国扶贫开发的主战场，也是全国扶贫开发任务最重的省份之一。贵州民族文化积淀深厚，民族风情浓郁，独特的民族文化烙印使贵州成为一个开发潜力巨大的天然文化博物馆。贵州把大文化助推大扶贫作为脱贫攻坚的又一突破口，启动实施多彩贵州民族特色文化强省建设工程，挖掘、开发、利用各类特色文化资源，促进大文化与大扶贫战略深度融合。着眼文化惠民、文化富民，构建文化扶贫行动框架，挖掘、开发贵州本土民族文化，强调文化与扶贫联姻，以大文化助推大扶贫，并在实践中取得明显成效。

2016年，贵州省文化改革发展办创新实施文化产业扶贫“千村计划”，形成了文化产业扶贫的贵州经验。文化产业扶贫“千村计划”项目实施要以社会效益优先，以精准为基本攻略，以市场和项目为导向，

---

① 看青神竹编如何走上国际舞台［EB/OL］．竹神竹艺．

切实做到扶贫对象精准、扶贫产业精准、扶贫方式精准、扶贫成效精准、脱贫退出精准，提高文化产业扶贫脱贫精准度、增强群众获得感。

“千村计划”选取14个试点县，涵盖了遵义市正安县、道真县、务川县，六盘水市六枝特区，安顺市普定县，毕节市威宁县，铜仁市江口县，黔东南州丹寨县、台江县、黎平县，黔南州三都县、荔波县，黔西南州贞丰县、册亨县等，囊括了蜡染、苗绣、银饰、编织、陶瓷、漆艺、剪刻绘印等贵州特色文化产业。以项目扶持方式开展产业扶贫，“千村计划”的实施有效地整合了各类文化资源，搭建了产业发展平台，带动了群众增收致富，推动了县域文化产业发展，成为贵州省特色文化产业促进精准扶贫的经典案例库。

1. 案例一：中国吉他制造之乡——正安县

正安吉他文化产业园的出现和发展，是文化和扶贫深度融合的成功案例。2013年，正安县在正安劳务输出最密集的珠三角地区调研发掘了文化商机——正安外出务工人员有3万人以上从事吉他产业，里面有行业老板，有中坚技术工人，也有一线的生产员工。在正安县的大力支持下，在广东打拼的正安人郑传玖在这一年回到正安创办了神曲乐器公司，并于2014年8月“孵化”出一个吉他产业园和文化特色产业，正安县一跃成为中国吉他生产第一县。

经过3年发展，目前正安县已建成A、B两个吉他乐器制造产业园区，正安县在吉他文化产业园区建设中可资借之处正是在于“文化与扶贫”同呼吸、共发展。2015年正安县生产销售吉他150万把，产值15

亿元，解决就业2122人，带动1688人脱贫。到2016年底，全年生产销售吉他约300万把，实现产值30亿元，解决就业4516人，其中贫困人口865人，带动3473人脱贫。2017年底，29家吉他制造商入驻，年销售量500万把，60%的产品销往海外市场，产值约50亿元，实现地方税收3亿元，园区企业解决就业11432人，其中精准识别建档立卡贫困人口1160人，带动4645人脱贫。正安县如今有了一张新名片：中国吉他制造之乡。

2. 案例二：鸟笼编织艺术之乡——卡拉村

卡拉村位于贵州丹寨县龙泉镇，是一个远近闻名的苗族聚居民族文化村，素以编制鸟笼驰名。贵州卡拉鸟笼历史悠久，编制技艺已有400多年的历史，是贵州省黔东南苗族侗族自治州丹寨县民间艺术品，制作工艺精湛，是国内外久负盛名的精美艺术品，卡拉鸟笼因此享誉“鸟笼艺术中一颗亮丽的明珠”。2007年卡拉村被贵州省文化厅命名为“鸟笼编织艺术之乡”，这里的村民都是苗族，大多以编织鸟笼为业，是全县最具特色的民族村和富裕村之一。鸟笼已成为卡拉村的主导产业，该村的151农户中，有125户都在从事鸟笼制作行业，现在全村年产鸟笼11万只，年销售额250多万元，产品供不应求。

早在1995年该村就成立了“丹寨县民族工艺鸟笼厂”和“卡拉村鸟笼协会”进行产业化生产，一方面，召集本村手艺较好的鸟笼编织者专门生产高档鸟笼；另一方面，将购进的原材料发给没有进厂的农户在家进行生产。鸟笼协会成立后，从原料购进、制作标准和产品销售等方面服务全村鸟笼编织户，促进了鸟笼产业的发展。

卡拉鸟笼不仅畅销国内，还远销我国香港、台湾以及新加坡、日本、欧美等地。鸟笼生产的收入已成为卡拉村农民群众增收的主要渠道。卡拉村已由以前的“救济村”变成远近闻名的“致富村”。鸟笼工艺不但能直接转化为商品增加收入，而且这一传统的工艺吸引了不少国内外游客和摄影爱好者慕名而来。近年来，为发展旅游业，村里又增添了农家乐、民族风情表演等，园内集观光、休闲、娱乐为一体，可供游人玩赏。

3. 案例三：“指尖经济”绘制脱贫蓝图——丹寨县

贵州省黔东南苗族侗族自治州丹寨县是国家级贫困县，拥有苗族蜡染、古法造纸、苗族锦鸡舞、苗族苗年、苗族服饰、苗族芒筒芦笙祭祀乐舞等7项国家级非物质文化遗产，以及8项省级、25项州级非物质文化遗产，是名副其实的“非遗之乡”。非遗文化在传承、发展的同时，又成为当地少数民族群众脱贫增收的重要途径。丹寨县利用旅游景区，带动传统村寨发展非遗手工经济，开办非遗手工体验馆，让游客近距离感受非遗，走出一条“指尖经济”脱贫之路。据不完全统计，2017年丹寨县的古法造纸、银饰、蜡染、刺绣从业人员共计1200余人，带动贫困人口人均增收5365元。

2014年12月1日，万达集团响应国家精准扶贫政策号召，与丹寨县签署扶贫协议，开创了全国“企业包县、整体脱贫”社会扶贫新模式。启动包县扶贫之初，万达集团就将目标定为帮助丹寨整县脱贫致富，为丹寨县创造长期稳定的收入来源。开业一年，丹寨万达小镇吸引来自五湖四海的游客550万人次，相当于2016年丹寨全县游客数量的6倍，全县旅游综合收入是2016年的4.4倍，直接带动全县1.6万人实现增收。丹寨县万达小镇成功打造了旅游公益与民族非物质文化遗产模式相结合的扶贫模式——“深度民族文化体验+游丹寨就是扶贫”的旅游公益模式。

4. 案例四：传承“非遗”走出贫困——务川自治县仡佬文化产业园区百匠园

务川仡佬族苗族自治县（以下简称务川县）作为仡佬族的发源地，文化底蕴丰厚，民族文化资源丰富，现有省级非物质文化遗产项目6项、市级27项、县级55项，县级以上文物保护单位75个，可惜受限于交通基础设施落后，长期没有得到合理的开发利用。

务川县委政府把非物质文化遗产作为务川县文化扶贫的主要突破口，致力于把仡佬文化发扬光大，让当地的居民在仡佬文化的继承和发扬中得到实惠。务川县主要在非物质文化遗产的变现方面下功夫，将非物质文化遗产商品化之后加入产业化运作，走出一条民族文化品牌道路。于是，务川县先后出台了《关于切实加强民营企业服务工作的实施意见》《务川自治县全民创业行动计划》和《务川自治县文化产业扶贫实施方案》等文件，按照政府主导、社会参与的模式，将扶智和扶贫、传统和时尚、观赏性和实用性进行结合，体现文化价值的同时实现商业价值变现，吸引居民参与进来，带动他们实现脱贫致富。

2016年初，务川县借助贵州省文化扶贫“千村计划”的契机，把“扶贫精准化”“文旅产业化”列入国民经济发展战略，在龙潭景区新建了总投资550万元、规划面积18000平方米、建筑面积1164平方米的“百匠园”和投资580余万元、建设总面积6477.61平方米、15栋仡佬民居商铺、1个文化长廊的“文化商街”，吸纳非物质文化遗产项目文化业态进驻，实现抱团经营，形成产业集聚效应。

同时，务川县还给进驻企业提供政策倾斜，提供低价用水、低价用电、免去房租、免费提供互联网等基础配套服务，按照“有历史、属文化、易传承、有市场、能带动扶贫”五个要素，为各类非物质文化遗产传承人搭建现场加工销售平台。

承借“千村计划”的东风，务川县共扶持文化企业12家，吸纳就业172人，2016年营业收入9146.17万元，人均年收入2.75万元；扶持文化个体313户，吸纳就业1746人，人均年收入2.27万元；扶持人口中，287人属于精准扶贫建档立卡人口，他们和其所在的家庭通过文化产业扶贫走出了贫困人口之列①。

5. 案例五：绣出水族妇女新生活——三都县三洞乡

马尾绣是中国少数民族之一水族妇女世代传承的技艺，是以马尾作为重要原材料的一种特殊刺绣技艺，被誉为“中国刺绣艺术的活化石”。水族马尾绣于2006年5月列入第一批国家级非物质文化遗产名

---

① 传承“非遗”走出贫困，务川文化产业扶贫有实招［EB/OL］．搜狐网．https：//www.sohu.com/a/163809940_99967038.

录。贵州三都县三洞乡是马尾绣的发祥地，三洞乡农村妇女大多精通马尾绣制作技艺，而且马尾绣已经成为三洞乡的知名副业。马尾绣工艺品远近闻名，主要产品有马尾绣背带、马尾绣衣服和马尾绣花鞋等。成品远销海内外，成为三洞乡经济增长的一个重要途径，同时也是水族妇女发展经济的产业之一。

虽然制作马尾绣的人很多，但穿戴马尾绣服饰的人已不多。马尾绣服饰多在节日里才穿戴，特别是在水族端节里。过去，马尾绣被视为一位姑娘是否心灵手巧和这个家庭是否富有的标志。但是现在姑娘们做出的衣服都压在箱底，改穿现代服饰。马尾绣工艺传承一度出现严重断层，现代马尾绣的工艺制品质量下降，人们已很少使用，水族马尾绣这一特殊的工艺亟待抢救和保护。

为了弘扬水族文化，继承和发扬非物质文化遗产——水族马尾绣，打造水族旅游特色品牌，使之制作销售形成规模，解决三洞乡富余劳动力，拓宽三洞乡广大妇女脱贫致富门路，2010 年 10 月，三洞乡杨柳村村民韦应丽自发组织 50 余人，成立马尾绣协会。目前该协会已发展到 200 余人，其中，常年从事马尾绣制作销售的妇女 50 多人，每人年均销售收入达 8000 元以上。还有三洞乡板告村的韦桃花，在她的带领下，村里村外妇女都加入到发展马尾绣的队伍中来，甚至其他乡镇喜爱马尾绣的妇女都慕名前来向她学习刺绣技艺，大大活跃了马尾绣加工制作的氛围，很多妇女都想通过马尾绣制作、销售走上增收致富的道路。从此，三都县马尾绣一发不可收拾，凡水族聚居的乡镇都有马尾绣产业，被水族人称为贵州水族文化发源地的三洞乡更是村村寨寨都有马尾绣。如今，韦桃花已经成为有数千绣工为其提供产品的水族乡村企业家，产品远销全国各地。

（三）广西特色文化产业促进精准扶贫案例

广西的特色文化产业在脱贫攻坚战略中发挥了积极的作用，包括民族地区、贫困地区、革命老区的特色文化产业项目。民族地区、贫困地区、革命老区依托特色文化、乡土文化、红色文化和非物质文化遗产，带动了贫困人口参与并让其受益的手工生产、民间演出、乡村旅游等项目。有很大一批辐射带动贫困人口就业增收的就是文化产业项目。

自 2015 年开始，广西积极引导贫困地区依托自身资源优势，探索具有民族和地域特色的文化产业发展路子，重点发展以特色文化旅游、民族民间工艺品为主的文化产业。后来，各地特色文化产业成为农民群众脱贫致富的重要渠道。其中最为显著的是发展旅游给贫困地区带来的巨大变化。据统计，2018 年，广西乡村旅游接待游客约 3.08 亿人次，同比增长 31%，占广西接待游客量的 45.1%；乡村旅游消费 2064.17 亿元，同比增长 37%，占广西旅游总消费的 27.1%。实践表明，乡村旅游已发展成为广西脱贫攻坚的有力抓手和乡村振兴的重要力量①。

---

① 吴丽萍．广西旅游：扛起产业责任　决胜脱贫攻坚［EB/OL］．广西县域经济网．http：//www.gxcounty.com/news/jjyw/20190419/148431.html.

1. 案例一："文化+扶贫+农业+旅游"新模式——黄姚镇阳朔村

黄姚镇阳朔村在推进精准扶贫工作中，加强整村发展顶层设计，以加强基层党建工作为抓手，助推阳朔村经济社会发展。坚持整村扶贫开发为主与"一对一"结对帮扶贫困户相结合的总体策略，主动适应并融入黄姚古镇文化旅游大发展大格局中，依托黄姚旅游产业辐射源，充分发挥阳朔村地处古镇景观大道边、毗邻黄姚古镇景区的区位优势，以发展阳朔村特色生态乡村旅游业为主方向，大力发展与黄姚古镇文化旅游产业相融合的特色种植产业、特色养殖产业，积极融合文化元素，突出文化扶贫特色，实现"文化+扶贫+农业+旅游"的多业态融合发展，变过去单纯的"农产品消费"为"农产品文化消费"、"吃消费"为"文化享受消费"，从而多渠道解决农产品的技术之弊、销售之忧，基本形成了独特的休闲生态农业文化模式，逐步实现阳朔村与黄姚古镇旅游区多业态融合发展，形成连片开发，最终整村成功脱贫致富。

2. 案例二：生态旅游——钟山县

首先，得天独厚的生态旅游资源是钟山县发展的巨大优势，加之钟山县良好的交通区位优势，在创建自治区级全域旅游示范区的背景下，钟山县抓住乡村旅游转型升级的关键时期，将旅游基础设施不断完善，保证乡村旅游提档升级，将"旅游+扶贫"做到实处，促进旅游惠民富民，有效助力脱贫攻坚。

其次，持续不断的延伸和拓展旅游的产业链条，打造完整的产业链闭环。综合目前旅游产业的发展状况，将旅游所能涉及的"吃、游、娱、住、购、行”等要素结合起来，用产业链发展的角度，完善全域旅游规划。关注游客的需求，尽可能地完善乡村旅游的基础设施，将乡村中特有的美食、服饰、文化等开发创新，打造成具有当地特色的文化产品。例如，珊瑚镇龙岩、清塘镇里村目前就成功地建设成了四星级乡村旅游区，三台山、龙泉山庄已列入五星级农家乐名录，进一步带动当地的交通物流、餐饮住宿等产业共同发展，打造出农村产业多元化的盛况。

再次，打造精品旅游线路。依托良好的区位优势，投入重磅资金开发重点旅游线路和特色旅游村线路通达工程，加快推进A级景区、乡村旅游重点区域与高速公路、国省干道的连线道路建设，将现有的乡村旅游片区串联起来，打造了以山水和红色旅游文化为核心的“县城—大田村—廖屋村—荷塘村—玉坡村—英家村—里村”线路；以休闲养生建设为核心的“县城—杨岩塘—龙团—朝南厂”线路；以生态乡村建设为核心的“县城—茅栗岗—上黄龙—底村—龙岩”线路；带动沿线及周边村屯通过发展旅游产业实现增收。

最后，重点推进龙头景区的建设。以高要求和高标准进行旅游景区规划，以百里水墨画廊景区为龙头，投资6亿元推进百里水墨画廊景区基础设施项目建设，打造以“休闲、旅游、观光”为核心，以“特色农业种植、农副产品加工、特色农产品销售”为支撑，以“休闲度假、养生配套，优化乡村土地、农业资源”为基础的大型生态旅游田园综合体，带动周边乡镇居民从事旅游业，惠及农业人口超过3万人，一定程度上帮助他们摆脱贫困，提高生活水平，增强贫困群众的自我发展能力。目前，百里水墨画廊景区项目已被确定为国家金融支持旅游扶贫开发重点项目，钟山县的旅游产业扶贫带动效果明显，在全国范围内形成良好的示范效应①。

3. 案例三：打造“民族文化游”牌——龙胜县

民族文化是旅游扶贫的资源基础。龙胜县坚持民族文化是“人民的根、旅游发展的魂”这一理念，专门成立了民族文化保护与发展项目指挥部，下设民族节庆文化、非物质文化遗产保护、民族传统工艺、民族服饰文化、民族医药、民族建筑文化、民族传统艺术、民族饮食文化等8个工作组，切实加强少数民族文化的发掘、传承和发扬。同时，积极打造“民族百节旅游县”，组织开展好龙脊梯田文化旅游节、泗水乡瑶族红衣节、伟江乡苗族跳香节、龙脊镇红瑶晒衣节、乐江乡侗族祭萨节等节庆活动，形成了“大节三六九，小节月月有”的“民族百节之乡”，民族节日游、民俗风情游成为龙胜旅游吸引游客的一大亮点。在听取旅游局的建议后，居民们再一次穿上了具有民族特点的红瑶服饰。在逢年过节的时候，还推出多项和服饰文化相关的活动，赢得了游客的追捧。当地居民们看到这一现状纷纷重拾起当初放下的纺纱、织布、绣花等民族技艺。另外，前来旅游的游客很喜欢当地的民族服饰，旅游期间愿意购买穿上融入当地生活，还十分愿意购买精美的民族服饰作为收藏品，大量的市场需求推动村民加大民族服饰的制作量，同时民族文化

① 唐先程．拓展富民产业全链条　开辟精准脱贫新路径——广西壮族自治区钟山县扶贫产业路径选择与实践［EB/OL］．学习时报．http：//paper. cntheory. com/html/2019 - 05/15/nw. D110000xxsb_20190515_1 - A8. htm.

得以重焕生机，有效促进了民族文化的发展。

4. 案例四：文化旅游休闲度假模式——红水河都安三岛湾

广西红水河都安三岛湾拥有良好的文化氛围，充足的土地空间和必要的建设资金，且是壮族、瑶族等民俗文化的发源地，文化底蕴深厚，旅游资源丰富多样，开发价值较高。总体来讲，适宜物化民俗文化，营造休闲度假氛围，为游客在欣赏民俗文化的同时，获得轻松、愉悦的休闲度假体验。因此，其民族文化旅游的开发适宜选用文化旅游休闲度假模式，具体宜选用该模式下的旅游带动地产发展的模式，充分利用独特的民族文化和优良的休闲度假环境，全面考虑，整体开发，实现旅游与地产的齐飞、实现模式的灵活应用和效益的最大化发挥。

5. 案例五：发展茶文化产业——昭平县

享有“中国式咖啡”美称的油茶，是桂北少数民族茶文化的代表，它根植于民族传统之中，成为独具特色的民族饮食文化符号，形成了龙胜油茶、三江油茶、灌阳油茶、恭城油茶、平乐油茶和客家油茶等有独特影响力的品牌，进而开发出油茶粉这样方便携带的产品，使地方产品能够走出去，逐渐被越来越多的域外客人所喜爱①。由此，挖掘茶产业地区特有文化资源，促进广西文化产业扶贫。广东肇庆市鼎湖区在结对帮扶广西贺州市昭平县脱贫工作中，帮助当地发展茶叶种植、加工等，

---

① 韦莉军，陈张婷，黄业峰．广西茶文化促旅游扶贫工作浅析［J］．现代经济信息，2019，4（13）：489+491.

为脱贫攻坚提供产业支撑。目前，昭平县粤桂协作已建设共1319亩有机茶基地和7000平方米茶业加工厂房，帮助当地群众增收致富。

6. 案例六：民俗文化产业——马山县

近年来，马山县深入挖掘会鼓、三声部民歌、扁担舞等国家级非物质文化遗产，结合当地山水风光的开发，先后规划建设了三甲扶贫产业园等多个特色文化产业基地、特色村落。

“欢雅娜是壮族的一种习俗，也是著名的山歌，可以把这个文化符号放大”，“在保护传承地方传统文化的基础上，融入现代生活元素，推动乡村民宿发展”，“乡村经济急需发展产业、庭院、田园、服务、文化‘五个一’工程”……2017年6月21日至24日，广西马山县迎来了一拨特殊的客人，就是广西壮族自治区文化厅委托广西民族文化艺术研究院组织的“特色文化产业提升工程”调研组，任务是为马山县的特色文化产业把脉问诊。2017年6月23日，“欢雅娜·马山景秀”马山壮族三声部民歌系列文化品牌被评选为2017广西特色文化产业重点项目，同时入选的还有其他24个特色项目。这不仅有利于整合资源开发欢雅娜文化品牌，而且起到了产业发展的示范带动作用，推动了文化扶贫攻坚。

七、云南特色文化产业促进乡村振兴的对策

（一）加强根基，明确重点特色文化产业发展门类

1. 乡村文化旅游业

结合乡村文化振兴战略，树立“以旅促农、以旅助农、以旅兴农、以旅富农”的思想，突出乡村自然景观、传统文化优势，体现地方民族、文化特色，挖掘有较深文化内涵的乡村旅游文化资源，每个州市形成一批在当地有影响的乡村文化旅游示范点和示范户；将文化名村、名镇和文化生态村的开发作为一个重要方面，对具备开发条件的，引进企业开发模式，进行市场化运作，使其焕发出新的文化生机；有重点地在旅游业辐射地区、主要交通线路沿线开发一批民族文化生态村，努力使它们成为新的文化旅游热点，成为乡村振兴的聚集区、示范区；不断完善和配套食、住、行、游、购、娱等要素，增加乡村文化体验内容，增加农产品作为旅游纪念品的开发和营销，不断完善乡村文化旅游业服务规范，提高从业人员素质，加大宣传促销的广度、力度和深度，逐步从农户单户经营走向整体发展、公司化开发和运作，不断丰富和拓展乡村旅游的内涵和外延。

2. 乡村工艺美术业

根据各民族传统工艺技术和市场情况，选择具有典型民族文化和地域文化特征的工艺美术品进行产业化开发，推动零星分散的加工向集中

和规模化发展，力争形成几个比较集中的民族民间工艺美术品生产加工专业村，并引入公司化运作机制，整合工艺品生产加工销售资源，在全省形成3～5家有相当规模、在西部地区有一定影响的民族民间工艺美术品企业，形成一批具有自主知识产权的主导产品并进行规模化生产销售，建设几个辐射力强的工艺品专业市场。大力推动乡村工艺美术业与旅游业的对接，从旅游业规划、政府扶持等方面出台政策，推动工艺美术品成为旅游纪念品。发挥地方政府及行业主管部门的作用，推动成立行业协会，举办由地方政府运作的民间工艺文化论坛，加强对民间艺人和生产经营者的培训，为手工艺专业户、专业工厂提供市场信息，提供技术服务，帮助开辟销售渠道，推动民间工艺美术走向市场；设置民族民间工艺相关奖项，进一步推动民族民间工艺的继承、创新、发展。办好每年一度的文博会，为民间工艺美术发展构建平台。加大民族民间工艺美术产品产业化开发的研究工作，提高工艺美术品的设计创新水平，大幅提升工艺美术品的生产技艺，大幅增加科技含量和知识含量，大幅提升工艺美术品的附加值。

3. 乡村文化演出业

把乡村文化演出业作为繁荣乡村文化、实施乡村振兴战略的重要方面，作为城乡文化统筹发展的重要抓手。结合国有文艺院团体制改革，动员县级文艺院团参与乡村文化演出业发展，动员已存在的农民业余文化演出队伍根据实际逐步走向市场化演出道路，动员已建成的乡镇文化站、农村电影放映队、非物质文化传习场馆开展乡村文化演出活动。整合壮大“乡村文化户”，发挥各级政府的主动引导和推动作用，以克服自发性为主攻方向，在全省范围内组建几家较大的乡村演艺公司以实现联合发展，组建相应的行业协会以实现规范发展，统一营销，统一开拓市场，形成规模效应，进而带动其他州市乡村演出业发展。加大科技扶持力度，以现代科技改造乡村文化演出的灯光、音响、舞台布景等设施，增强乡村文化演出的表现力。提升乡村文化演出的品质，特别是与文化体制改革相结合，动员县、乡镇文化工作者加大对乡村文艺演出队伍的培训，加强对乡村演出节目编纂、服装道具使用等方面的辅导，克服乡村演出产品庸俗化、低俗化的问题。

4. 乡村节庆文化产业

紧紧抓住广大乡村传统节庆丰富多彩、各种创新性节庆活动层出不穷的资源优势，认真筛选，加强引导，将能进行产业化开发的节庆文化向社会主办、群众参与的方向发展。围绕全省旅游业发展的需要，设计推出节庆文化旅游精品线路，形成节庆活动市场化运作机制，努力通过节庆产业带动乡村振兴；同时，要针对各种节庆活动多、散、滥，运作方式上更多以财政投入为主等问题，组建一批统一的节庆管理或策划机构，统筹布局和安排，力争形成能够影响西部地区、代表云南形象的几个重大节庆，形成统一营销云南、规模和影响巨大、经济效益和社会效益良好的节庆。要突出云南特色，整合节庆资源，打造文化品牌，推广云南文化，把众多节庆活动办成乡村群众文化交流、文化享受的盛会，使其成为乡村文化产品生产、文化服务活动的平台和推进器，成为以特色文化产业促进乡村振兴的重要组成部分。

（二）“输血”与“造血”结合，以特色文化产业促进乡村可持续发展

引导龙头企业、合作社、手工艺作坊等市场主体与乡村群众签订帮扶协议，大力推进“公司＋农户”“基金＋农户”的方式，采用入股分红、订单生产、承包租赁等形式，通过以公司、协会为龙头，结成利益共享、风险共担的经济共同体，增强抵御市场风险的能力，提升产品质量档次，带动产业结构调整，最终形成产业规模化；重点培育一批有一定规模、有知名度、工艺独特、市场潜力大的龙头企业，通过金融支持进行重点打造，形成几家规模大、产值高、龙头示范意义强的企业，促使社会资本、人才、技术向龙头企业集聚，形成以点带面的发展模式，带动全省特色文化产业规模化发展；推动特色文化产业与农业、旅游产业、体育产业、大健康产业等产业融合发展，大力推进特色文化小镇、田园综合体建设，通过突破产业边界、重组产业要素，创造出更多文化产品、文化服务来带动就业，培育更为广阔的市场。

（三）强调扶智与扶志，以“新乡贤”作为特色文化产业促进乡村振兴的重要助推器

全面了解群众的思想认识，及时摸清各地发展特色文化产业技能情况，梳理特色文化资源禀赋，以案例教育和宣传为切入点，让群众坚定

文化自信、文化自强，帮助他们掌握基本文化知识，参加各种技能、科技培训，从群众的实际出发，做好特色文化产业发展规划。

落实党中央、国务院关于乡村振兴新乡贤功能精神，充分发挥新乡贤道德引领和新文化、新观念、新思想、新技能传播者的作用。激励在外创业乡贤返乡创业，打造“人才回乡、资金回流、企业回迁、信息回馈”的“归雁经济”。通过策划组织、捐资捐物、设立基金等方式引导新乡贤在“产业发展、促农增收”中发挥“智库”作用，鼓励支持新乡贤充分利用自己的人际关系、资源优势、经济实力、协调能力、工作经验，为特色文化产业发展出主意、想办法，鼓励新乡贤利用自身影响力和带动力。通过思想教育引领、技术指导帮扶、畅通销售渠道、提供信息服务等方式，在土地流转、合作社、农民创业就业等方面发挥引领作用，组织当地农民发展经济，加快乡村振兴步伐，为特色文化产业发展凝聚最广泛的乡贤力量。

（四）强化广泛带动，让乡村群众成为产业发展的真正受益者

鼓励云南各县区发展以解决就业开发为主要目的的社区文化工厂［社区文化工厂指各类企业主要是劳动密集型企业和创业人员在移民搬迁社区或利用镇、村集体的老厂房、学校旧址、农家庭院、民居民宅等闲置土地、房屋，创办的生产加工型工厂（分厂）或加工车间］，重点吸纳乡村劳动力就业；按照“以产带富”的思路，以村委会或村民个人的名义，用土地、山林等入股的方式参与旅游景区景点的建设，采用

资金变股金的形式，通过利润分红，既壮大村集体经济，又帮助群众增收；景区企业通过帮助群众致富、带动群众就业，进一步缓和发展在实施过程中与当地群众的矛盾，更好地推动景区景点建设。

八、特色文化产业促进乡村振兴的政策保障

乡村振兴是一个复杂的系统工程。由于文化兼具意识形态属性和产业属性，文化产业兼具社会效益和经济效益、社会价值和市场价值双重属性的特殊性，以发展特色文化产业助推乡村振兴，也是一个复杂的系统工程，需要统筹各方面的政策设计、制度设计，建立健全良好的营商环境。

（一）创新思想观念

党的十八大以来，党中央高度重视文化建设，习近平总书记鲜明地提出了文化自信这一重要论断，强调文化自信是一个国家、一个民族发展中更基本、更深沉、更持久的力量，是事关国运兴衰、文化安全、民族精神独立性的重大问题。没有高度的文化自信，没有文化的繁荣兴盛，就没有中华民族的伟大复兴。文化自信是一个民族进步的力量，国家之魂，文以化之、文以铸之，并将文化自信与道路自信、理论自信、制度自信并列，纳入“五位一体”总体布局和“四个全面”战略布局，成为习近平新时代中国特色社会主义思想的重要组成部分，把中国特色社会主义文化提升到了前所未有的高度。特色文化产业促进乡村振兴，

必须把思想认识统一到党中央关于文化建设的重大部署上来，统一到习近平总书记关于文化自信的重要论述上来，并落实到实践中。

一是创新对云南文化资源在乡村振兴中地位的认识。丰富多彩的文化历来是云南的重要标志。云南省很多乡村由于经济社会发展滞后，反而较为完整地保留了各民族的传统文化。在推动文化繁荣兴盛、推动社会主义市场经济发展的背景下，必须突破仅仅把文化作为地方标志的认识，树立文化资源是重要的经济资源理念，牢固树立文化也可以成为产业的意识，把文化资源开发作为乡村振兴的重要抓手，通过特色文化产业增加群众就业，增加群众收入，把特色文化产业打造成为乡村群众致富的经济产业。

二是把文化建设作为乡村治理体系建设的重要内容。提高国家治理体系和治理能力现代化水平，是全面深化改革的最终目标。与乡村振兴同步完善乡村治理体系，提高乡村治理能力，必须树立文化创造美好、美好需要文化的意识，把乡村文化建设作为重要内容。在加强城乡公共文化服务体系建设的同时，大力发展特色文化产业，通过文化产业弘扬真善美，倡导向上向善的精神文化，实现民间文化、传统文化的保护传承和发展，提升乡村群众的思想道德素质和文化素质。使群众树立依靠自我努力、艰苦奋斗勤劳致富的精神力量，鞭挞“靠着墙根晒太阳，等着别人送小康”等错误思想意识，引领和倡导现代文明，推动移风易俗，培育文明乡风。

三是以特色文化产业发展促进城乡一体化发展。经过多年努力，中国特色社会主义进入了新时代，我国社会主要矛盾已转化为人民日益增长的美好生活需要和不平衡不充分的发展之间的矛盾。城乡文化发展不平衡特别是边远乡村文化建设滞后，是全省城乡一体化发展的重大短板。必须树立发展特色文化产业推动城乡一体化的意识，通过特色文化产业的发展带动乡村地区文化投入，带动乡村文化基础设施建设，促进乡村文化繁荣，补齐地区发展短板，推动城乡文化一体化发展进而推动全省经济社会协调发展。

四是牢牢把握文化发展方向导向。文化具有强烈的意识形态属性，同时具有产业属性；文化产业同时具备社会效益和经济效益、社会价值和市场价值。必须树立始终坚持把社会效益放在首位、实现社会效益和经济效益相统一的意识，在乡村地区文化建设、特色文化产业发展中，始终坚持中国特色社会主义文化前进方向，在文化旗帜、文化道路、文化价值等根本性问题上立场坚定、态度坚决，以先进文化引领乡村文化发展并改造落后文化，以先进文化推动乡村发展，坚决克服唯点击率、唯收视率、唯票房论。

（二）创新产业政策

在充分认识和全面把握文化产业双重属性、双重价值的基础上，正确认识产业发展规律，把乡村特色文化产业纳入鼓励、支持类产业，制定鼓励特色文化产业发展支持乡村振兴的意见和实施办法，提出全省性的特色文化产业布局、产业结构调整方案，引导特色文化产业与乡村振兴相结合。把特色文化产业发展纳入各县（市、区）乡村振兴规划和年度计划，作为乡村振兴的重要选择，整合各方面扶贫资源，支持特色文化产业发展，形成乡村地区特色文化产业发展合力。把特色文化产业发展纳入乡村振兴规划，作为实施乡村振兴战略的重要产业和推动乡村振兴的重要切入点，根据不同的资源和市场条件，着力扶持。把特色文化产业发展纳入特色小镇建设范围，建设一批以特色文化为内涵和标志、特色文化产业为引领的特色小镇，带动区域性发展。把特色文化产业发展纳入就业计划，鼓励特色文化企业积极吸纳群众就业，鼓励有一技之长的群众创业或到文化企业就业。把特色文化产业发展纳入旅游计划，开展文化旅游特色县、乡镇、村建设活动，规划和推出一批特色文化旅游线路，建设以农耕文化、主题公园、历史文化、民族文化等为特色的文化旅游特色乡、村，以乡村文化旅游业带动发展。把特色文化产业发展纳入现代农业建设，发展农业观光，打造品牌，着力提升传统农业的文化附加值。

（三）创新文化经济政策支持

1. 创新土地支持政策

乡村地区发展乡村文化主题公园、文化旅游小镇等特色文化产业项目用地优先纳入各级土地利用总体规划和土地利用年度计划，优先保障项目用地计划指标；在各级工业园区内建设的生产性特色文化产业项目，参照执行工业用地政策；乡村特色文化产业项目用地，按照国家有关规定分期缴纳土地出让金，分期缴纳全部土地出让价款期限延长至不超过2年，首次缴纳比例降低至全部土地出让价款的50%；鼓励以租用方式推动乡村土地流转，建设体现农耕文化特色，与传统文化传承和农业旅游、体验相结合的特色农业庄园或田园综合体，租金和租期在国家政策指导下由文化企业与农户协商确定；对利用乡村特色文化遗迹发展文化旅游产业的，鼓励采用租用方式解决土地利用问题。

2. 创新财政支持政策

加大省级财政向乡村转移支付力度，取消乡村文化企业资产规模、就业人数、产值和利润等申报文化产业专项资金的限制性规定，将特色文化产业项目纳入省级文化产业专项资金重点支持范围，以项目支持、贷款贴息、奖励等方式加以扶持；鼓励各类企业特别是文化企业开发乡村文化资源、发展特色文化产业，并根据其对乡村文化产业项目的实际投入给予一定比例的财政补助；加大对文化遗产保护性开发的财政支持，对乡村参加国家级历史文化街区、国家级历史文化名城名镇名村评选活动，非遗项目挖掘和参加国家、省、市非物质文化遗产评选活动，文化传习所建设，名人文化、历史文化、历史建筑挖掘和开发等，给予适当的活动补助，对申报成功的，按照国家、省、州市、县（市、区）相应级别，给予奖励性补助；支持乡村特色文化产业项目、产品、企业参加国内外展会，发生的展位费由财政全额补助，并对其参展运费、路费等给予适当补助；支持乡村特色文化产品品牌建设，对获得县级以上知名品牌或商标的，按级别给予一定的财政补助性奖励；对开发乡村文化资源创作的舞台艺术精品，经认定具有较好市场前景的，在申报奖项、申请文化产业专项资金等方面优先考虑，并对长年演出且有一定品牌影响的特色文化演艺精品给予财政补助；对确定为省级重点出版项目的乡村题材优秀出版产品，或者获得国际、国内重要奖项的优秀出版产品，根据获奖等级给予奖励；对乡村题材的原创电影、电视剧、电视栏目（含纪录片）、优秀动漫作品进入电影院线放映的，或者在央视主要频道、省级上星频道黄金时段首轮播出并产生全省性、全国性社会影响力、市场占有率的，电影达到一定票房的，或者获得国际A类电影节主要奖项、国家级政府类重大奖项的，省级财政按照“资金数额从高不重复”的原则给予奖励；各州市、县（区）可以根据情况再次进行奖励。

3. 创新税收优惠政策

乡村经营性文化事业单位转制为企业，自转制之日起，按规定免征企业所得税；由财政部门拨付事业经费的文化单位转制为企业，自转制注册之日起按规定对其自用房产免征房产税；经营性文化事业单位转制中资产评估增值、资产转让或划转涉及的企业所得税、增值税、城市维护建设税、印花税、契税等，符合现行规定的享受相应税收优惠政策；对从事文化产业支撑技术等领域的文化企业，按规定认定为高新技术企业的，减按15%的税率征收企业所得税，开发新技术、新产品、新工艺发生的研发费用，按规定在计算应纳税所得额时加计扣除；乡村特色文化产品出口实行增值税零税率；对吸纳乡村人口就业的，按规定给予岗位补贴。

4. 创新金融支持政策

云南省文化产业发展基金（即将完成组建）将参与和推动乡村振兴的特色文化企业纳入重点支持范围，给予申报、进入门槛、利率等方面的优惠支持；加大金融机构对乡村特色文化企业的贷款支持，将参与乡村振兴的特色文化企业纳入省重点信贷支持企业名单，建立常态化融资对接机制，引导金融机构加大对乡村特色文化企业助推乡村振兴的信贷投放，执行贷款优惠利率；鼓励金融机构对获得政府采购合同订单、参与和推动乡村振兴的特色文化企业给予政府采购信用贷款；对参与乡村振兴的特色文化企业严禁收取承诺费、资金管理费等费用，杜绝附加不合理贷款条件和不合理收费；金融机构小微特色文化企业贷款损失给予30%的补偿，对融资担保机构担保贷款代偿损失，由担保机构、再担保机构、银行和代偿补偿资金共同承担；对重大项目实行保险的，按实地发生保险费的40%对文化企业给予补贴；支持特色文化企业直接融资，参与和推动乡村振兴的特色文化企业申请在主板、中小板、创业板、境外资本市场首次公开发行股票且已被正式受理的特色文化企业，按照不超过申请募集规模的2‰给予一次性补助；对在新三板挂牌的特色文化企业，按照不超过募集资金的2‰给予一次性补助，单个文化企业补助资金不低于10万元，不高于100万元。

（四）创新人才培养机制

1. 组建文化志愿者队伍

与“三区”人才、“三支一扶”、大学生村官、大学生志愿服务者、高校毕业生基层成长计划等对接，以党政机关干部、基层社会工作者、社会各界人士、退休老党员、老教师、老模范、新乡贤、帮扶干部、驻村工作队员等为主体，组建乡村振兴文化志愿服务队伍，共同参与乡村特色文化产业研究、保护、传承和开发。

2. 挖掘和培养乡村特色文化人才

发现一批乡土文化能人，与文化和旅游部“中国非物质文化遗产传承人群研修研习培训计划”、云南省“非物质文化遗产传承人群研修研习培训计划”等相衔接，与高校、企业合作，统一组织文化产业发展培训班进行培训，组织他们外出考察学习，开阔眼界，增强文化的资源意识、市场意识，增强文化产业项目策划能力、管理能力和市场运作技能，逐步形成特色文化产业发展的人才支撑体系。开展乡村文化“能工巧匠”评选活动，对经认定的乡村文化“能工巧匠”，由财政每年给予一定的资助。

3. 实施乡村文化产业指导员计划

建立健全文化人才下乡机制，解决好职务晋升、职称评定、职业资格考试、科研项目等配套政策，把到乡村一线锻炼作为培养基层、机关干部的重要指标，动员省、州市、县（区）文化单位年轻干部、文化企业干部到乡村担任乡村特色文化产业指导员，指导和牵头发展乡村特色文化产业。

4. 鼓励文化科技人才团队发展乡村特色文化产业

鼓励引进国际国内一流或顶尖文化科技创新团队参与特色文化产业发展，特别是围绕连片文化旅游景区开发、文化特色小镇建设、主题公园建设重大项目或重大影视项目等，或从事乡村特色文化产业与乡村振兴相结合的技术中心、重点实验室等，通过项目资助、创业扶持、贷款贴息等方式，择优给予不低于1000万元的一次性资金资助或奖励，并执行相应的税收优惠政策。

（五）创新社会环境

1. 健全文化环境

乡村振兴是目前和今后一个相当长时期的中心工作，发展文化产业特别是发展特色文化产业必须围绕这个中心。因此，要将特色文化产业助推乡村振兴纳入全省文化产业发展的整体规划之中，体现文化产业的社会责任、经济责任。除财政、税收、人才等硬性政策外，还要营造良好的软环境，包括加大乡村公共文化服务体系建设，加强精神文明建设工作，对致力于乡村振兴的特色文化企业首次发明专利授权、商标授权给予申请费、代理费全额补贴，将参与乡村发展的特色文化企业纳入云南文博会等各类展示交易平台并积极推广；对参与乡村振兴工作的特色文化企业承担重大政治任务、提供公共文化服务、确保社会效益而对经济效益有影响的重大项目，经宣传部门评审确定后，给予相应补偿；对参与乡村振兴的特色文化企业从事文化出口业务的编创、演职、营销人员不设出国（境）指标，对这类企业经常赴特定国家、开展特定项目的业务人员实行一次审批、一年内多次出国有效的审批办法。

2. 激发乡村特色文化消费活力

加强舆论宣传和引导，将我省丰富多彩的乡村特色文化、古朴厚重的民风民俗推广、推介出去，努力做到农民高兴、城里人振奋，吸纳各方面人群，形成对乡村特色文化及文化产品的消费活力；建立云南乡村特色文化消费补贴制度，直接补贴到相应的特色文化企业，鼓励企业降低价格，对购买乡村特色文化产品或服务的消费者进行优惠；开展云南特色文化产品消费活动，结合中国农民丰收节、各民族节庆、地方节庆等，举办经常性的特色文化消费季、消费月、消费周等活动，既丰富乡村文化生活，也激发文化消费的活力和潜力。

3. 建立健全测评和考核体系

健全测评和考核体系，把乡村特别是文化资源富集的乡村发展特色文化产业情况作为个性化指标纳入测评考核范围，重点考核特色文化产业吸纳人口就业、增加人口收入等经济指标和带动乡村文化发展、文明水平提高、社会风气好转等社会效益指标，同时兼顾文化发展后劲，通过测评考核，更好地发挥特色文化产业增加收入与扶志、扶智相结合的特殊功能。

4. 加强宣传推广

把特色文化产业助推乡村振兴纳入经济社会发展特别是宣传工作之中，统筹策划宣传主题和制订宣传方案，通过主流媒体特别是新兴媒体，大力宣传推介云南乡村特色文化资源，引导更多社会力量关注云南乡村文化；宣传好特色文化产业发展的各方面优惠政策，发掘和推出一批助推乡村振兴的特色文化企业典型，通过典型示范，鼓励更多企业参与乡村特色文化产业发展；宣传好发展特色文化产业带动乡村经济、社会面貌变化的促进作用，彰显社会主义文化引领风尚、教育人民、服务社会、推动发展的巨大作用。